Sistemas estruturais

Título original: *Structural engineering for architects: a handbook*

Copyright © 2013 William McLean, Pete Silver and Peter Evans

William McLean, Pete Silver e Peter Evans have asserted their right under the Copyright, Design and Parent Act 1988 to be identified as the Authors of this work.

Portuguese translation © 2013 Editora Blucher Ltda.

This book was originally designed, produced and published in 2013 by Laurence King Publishing Ltd. London

Tradução: Jane Santana
Graduada e licenciada em Letras pela Faculdade de Filosofia, Letras e Ciências Humanas e pela Faculdade de Educação da USP.

Revisão técnica: Prof. Dr. Valdir Pignatta e Silva
Escola Politécnica da Universidade de São Paulo

Blucher

Rua Pedroso Alvarenga, 1245, 4° andar 04531-012 –
São Paulo — SP — Brasil
Tel.: 55 11 3078-5366
contato@blucher.com.br
www.blucher.com.br

Segundo o Novo Acordo Ortográfico, conforme 5° ed. do Vocabulário Ortográfico da Língua Portuguesa, Academia Brasileira de Letras, março de 2009.

É proibida a reprodução total ou parcial por quaisquer meios, sem autorização escrita da Editora.

Todos os direitos reservados pela Editora Edgard Blucher Ltda.

Dados Internacionais de Catalogação na Publicação (CIP)
(Câmara Brasileira do Livro, SP, Brasil)

Silver, Pete
  Sistemas estruturais / Pete Silver, Will McLean, Peter Evans; tradução de Janete Santana; coordenação de Valdir Pignatta e Silva -- São Paulo: Blucher, 2013.

  ISBN 978-85-212-0799-3
  Título original: Structural engineering for architects: a handbook

  1. Engenharia das estruturas 2. Arquitetura I. Título II. McLean, Will III. Evans, Peter IV. Santana, Janete V. Silva, Valdir Pignatta

13-0933   CDD 624.171

Índices para catálogo sistemático:
  1. Engenharia das estruturas

Sistemas estruturais

Pete Silver
Will McLean
Peter Evans

Blucher

Conteúdo

Introdução		**6**

Estruturas na natureza		**8**
1.1	Árvore	10
1.2	Teia de aranha	12
1.3	Casca de ovo	14
1.4	Bolhas de sabão	16
1.5	Corpo humano	18

2	**Teoria**	**22**
2.1	Teoria geral das estruturas	24
	2.1.1 Introdução	24
	2.1.2 Carregamentos externos	25
	2.1.3 Esforços Internos	26
	2.1.3.1 Axial	26
	2.1.3.2 Cisalhamento	26
	2.1.3.3 Flexão	27
	2.1.3.4 Torção	27
	2.1.3.5 Equilíbrio estático	28
	2.1.3.6 Análise simples	30
	2.1.3.7 Equações de vigas comuns	36
	2.1.4 Propriedades dos materiais	40
	2.1.4.1 Tensão	40
	2.1.4.2 Deformação específica	44
	2.1.4.3 Propriedades do aço	47
	2.1.4.4 Propriedades do concreto	48
	2.1.4.5 Propriedades da madeira	49
	2.1.5 Características geométricas das seções transversais	50
	2.1.5.1 Flexão	50
	2.1.5.2 Compressão axial	52
	2.1.5.3 Deformação	55
	2.1.6 Adequação à finalidade	56
	2.1.6.1 Deformação vertical	56
	2.1.6.2 Deformação lateral	57
	2.1.6.3 Vibração	57
	2.1.7 Estruturas	58
	2.1.7.1 Categorias das estruturas	58
	2.1.7.2 Estabilidade	63
2.2	Sistemas Estruturais	73
	2.2.1 Introdução	73
	2.2.2 Avaliação de materiais estruturais	74
	2.2.3 Componentes estruturais	77
	2.2.3.1 Sistemas de vigas	78
	2.2.3.2 Sistemas de lajes de concreto	84

3	**Protótipos estruturais**	**86**
3.1	A busca da forma	88
3.2	Teste de carga	92
3.3	Visualizando forças	104

4	**Estudos de caso**	**110**
4.1	Introdução	112
4.2	1850–1949	114
	4.2.1 A inovadora abordagem de Viollet-le-Duc sobre Engenharia	114
	4.2.2 Estação Ferroviária St. Pancras Shed	116
	4.2.3 Torre Eiffel	118
	4.2.4 Ponte Forth Rail	120
	4.2.5 Exposição All-Russia – 1896	122
	4.2.6 Torre tetraédrica	124
	4.2.7 Armazém Magazzini Generali	126
	4.2.8 Hipódromo Zarzuela	128
4.3	1950–1999	130
	4.3.1 Crown Hall, Illinois Institute of Technology (IIT)	130
	4.3.2 Restaurante Los Manantiales	132
	4.3.3 Estruturas em casca de concreto, Inglaterra	134
	4.3.4 Cúpulas geodésicas	136
	4.3.5 Palazzo del Lavoro (Palácio do Trabalho)	140
	4.3.6 Estruturas de concreto em casca, Suíça	144
	4.3.7 Monumento Jefferson National Expansion (Arco do portal de entrada)	150
	4.3.8 Sistemas Maxi/Mini/Midi	152
	4.3.9 Estruturas *Tensegrity*	156
	4.3.10 Cobertura do Estádio Olímpico de Munique	158
	4.3.11 Cúpulas Bini – forma inflável	162
	4.3.12 Museu de Arte Contemporânea de Niterói (MAC-Niterói)	164
	4.3.13 Vidro Estrutural	166
4.4	2000–2010	172
	4.4.1 Sharp Centre for Design - Ampliação do Ontario College of Art and Design	172
	4.4.2 Edifício Atlas	176
	4.4.3 'Het Gebouw' (O edifício)	178
	4.4.4 Casa Hemeroscopium	182
	4.4.5 Oficina/Mesa do Kanagawa Institute of Technology (KAIT)	186
	4.4.6 Passarela Meads Reach	190
	4.4.7 Pompidou-Metz	194
	4.4.8 Burj Khalifa	198

Referências e leituras complementares	202
Índice	204
Créditos de imagem	208
Agradecimentos do autor	208

Introdução

Quando eu tinha 17 anos, me disseram que eu nunca poderia ser um arquiteto, assim como eu nunca compreenderia totalmente as estruturas de uma construção. Foi assim, com esse desafio, que vim a estudar arquitetura. Eu assisti religiosamente a todas as aulas sobre engenharia de estruturas, aliás, sobre qualquer engenharia, e descobri que eram surpreendentemente fáceis de entender e, ainda melhor, eram divertidas. Depois disso, me apaixonei pela engenharia como ciência. Não que eu a tenha algum dia compreendido totalmente — mas quem se importa? No final das contas, o amor não é para ser compreendido.

Este livro é uma daquelas cartas de amor que alguém recebe e apenas precisa decidir se responde. Como eu desejaria tê-lo encontrado durante a minha juventude – teria me poupado todo o esforço gasto na leitura de tantos livros aborrecidos.

É pegar ou largar, mas, uma vez tendo este livro disponível, ninguém pode mais dizer que "você nunca vai entender estruturas". Confie no que estou dizendo, este livro lhe trará uma nova dimensão de entendimento sobre o planeta em que vivemos e, antes de tudo, será divertido.

Eva Jiricna
Junho de 2011

O objetivo deste livro é possibilitar que estudantes de arquitetura possam desenvolver um entendimento intuitivo de engenharia de estruturas, para que, a longo prazo, sejam capazes de conduzir diálogos produtivos com engenheiros. Espera-se ainda que o livro sirva como uma valiosa referência tanto para a arquitetura como para a engenharia.

No livro *The Concrete Architecture of Riccardo Morandi*, de Giorgio Boaga, publicado em 1965, o engenheiro italiano Morandi aborda a notória dificuldade no relacionamento entre arquitetos e engenheiros, mas se recusa a tomar partido nessa discussão pouco produtiva. Mais importante, ele descreve como "... é sempre possível, dentro de certos limites, resolver um problema – funcional, estrutural e economicamente – de várias maneiras válidas" e que "... o carinho dispensado aos detalhes formais (de modo bem independente dos requisitos de cálculo)

ultrapassa o aspecto puramente técnico e, intencionalmente ou não, contribui para a criação artística."[1] Nessas afirmações, Morandi não está mais favorável ao calculista talentoso do que ao desenhista extravagante – está simplesmente a favor do trabalho interessante, que pode se mostrar assustadoramente simples ou inesperadamente expressivo.

Em seu livro *Estruturas*, de 1956, Pier Luigi Nervi explica o uso de suas nervuras isotencionadas projetadas conforme a distribuição de tensões, que foram vistas empregando as então novas técnicas de imagem fotoelástica. Mais recentemente, os detalhados cálculos aritméticos e algébricos analisados por meio do Método dos Elementos Finitos são vistos nas saídas da computação gráfica – uma ferramenta incrivelmente poderosa para as mentes mais intuitivas. Um passo a frente disso está a digressão do engenheiro de estruturas Timothy Lucas sobre um sistema de *feedback* físico-digital, que permitiria ao engenheiro analisar os esforços nas estruturas por intermédio de um modelo físico ampliado. Ao longo da história da tecnologia, ensaios físicos têm sido, e continuam sendo, um componente vital para o desenvolvimento de tecnologia e de projeto estratégico de engenharia. De modo semelhante, o campo da biomimética é, certamente, apenas uma formalização acadêmica de um processo atemporal, no qual aprendemos, a partir da obtenção rápida de protótipos da natureza e das esquecidas ou não reconhecidas invenções do homem, a desenvolver novas estratégias de engenharia, de materiais e operacionais.

O livro é dividido em quatro partes:

Primeira parte – Estruturas na natureza: descreve algumas das formas estruturais comumente encontradas na natureza.

Segunda parte – Esboços de teoria: uma teoria geral de Estruturas e Sistemas Estruturais que é geralmente aplicada ao ambiente construído.

Terceira Parte – Protótipos estruturais: métodos de desenvolvimento e ensaios de formas estruturais, incluindo instruções práticas de produção de modelos e protótipos em tamanho natural, assim como de modelagem computacional.

Quarta Parte – Estudos de caso: apresenta uma seleção de figuras-chave envolvidas na evolução da engenharia de estruturas e forma construída, desde meados do século XIX até os dias atuais.

1 Boaga, G., and Boni, B., *The Concrete Architecture of Riccardo Morandi*, London: Alex Tiranti, 1965, p. 10

1
Estruturas na natureza

1
Estruturas na
natureza

1.1
Árvore

Mais de 80.000 espécies de árvores, desde salgueiros-do-ártico com poucos centímentros de altura, até sequoias gigantes capazes de alcançar mais de 100 metros de altura, cobrem 30 por cento da superfície não oceânica da Terra.

Estrutura

As árvores se apresentam em várias formas e diversos tamanhos, mas todas possuem a mesma estrutura básica. Elas têm uma coluna central, o tronco, que proporciona suporte a uma estrutura de caule, ramos e galhos. Essa estrutura é chamada de coroa e estima-se que exista um número finito de sistemas de ramificação (por volta de 30) para todas as espécies de árvores. Os ramos e os galhos, por sua vez, possuem uma camada exterior de folhas. Uma árvore fica presa ao chão por meio de uma trama de raízes, que se espalham e engrossam de modo proporcional ao crescimento da árvore acima do solo.

Todas as partes da estrutura de uma árvore – tronco, ramos e galhos – são elementos em balanço, de comportamento elástico e com ligações flexíveis entre elas.

Folhosas (subclasse das dicotiledônias) e coníferas: esses termos fazem referência aos tipos de árvore de onde a madeira é proveniente. As folhosas têm origem nas florestas decíduas ou caducifólias; as coníferas, nas florestas de mesmo nome. Embora as folhosas apresentem maior densidade e dureza do que as coníferas, há exceções (p. ex. madeira balsa).

Crescimento

Conforme uma árvore cresce, grande parte da energia produzida por suas folhas precisa ser desviada para originar tecidos não produtivos (tais como o tronco lenhoso, os galhos e as raízes). A esmagadora maioria de todas as árvores (aproximadamente 99 por cento) é composta por tecidos não vivos e todo o crescimento de tecidos novos se apresenta em apenas alguns poucos pontos da árvore: dentro da casca e nas extremidades dos galhos e das raízes.

Entre a casca e o entrecasco, ocorre um processo de criação de tubos de seiva, que transportam o alimento das folhas para as raízes. Toda a madeira é formada pelo câmbio vascular interior e todas as células de transporte de alimentos, pelo câmbio vascular exterior.

O tronco da árvore cresce todo ano com a adição de uma nova camada de madeira ao câmbio vascular. Cada nova camada de madeira adicionada a uma árvore forma um anel visível que varia sua composição de acordo com as estações do ano. Um anel composto por uma parte clara (crescimento na primavera) e uma parte escura (crescimento de final de verão/outono) representa o crescimento de um ano. As madeiras usadas na construção civil são escolhidas com base no equilíbrio das tensões contidas no interior do elemento estrutural. Se uma árvore cresceu ao lado de uma colina, terá crescido mais forte de um lado, ocasionando um diferencial de tensões internas, que, ocasionalmente, poderá fazer com que o elemento estrutural se empene – seja por torção ou flexão.

Resistência ao vento

As árvores são geralmente resistentes a ventos fortes, por terem a capacidade de se curvarem, embora algumas espécies sejam mais resilientes que outras. A energia eólica é gradualmente absorvida, começando com as oscilações rápidas dos galhos, seguida pelos movimentos menos rápidos dos ramos menores e, finalmente, chegando ao gentil balançar dos ramos maiores e do tronco. A grande área coberta por folhas de uma árvore a torna mais suscetível frente à ação do vento.

1

Estrutura básica de uma árvore

2

Partes do tronco de uma árvore
a. casca externa.
b. casca interna.
c. cerne.
d. câmbio vascular.
e. alburno.

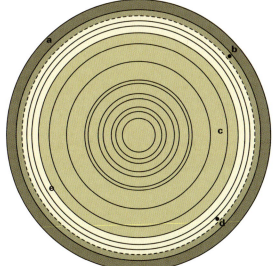

1
Estruturas na
natureza

1.2
Teia de aranha

Propriedades do material

A seda de aranha é também conhecida como teia e é composta por complexas moléculas de proteínas. As cadeias dessas moléculas, com diversas propriedades, são tecidas em conjunto para formar um material que possui uma enorme capacidade de absorção de energia. A seda da aranha Nephila é a mais forte fibra natural conhecida pelo homem.

A tendência geral em termos de estrutura de seda de aranha é uma sequência de aminoácidos que se automonta em uma conformação de folha. Essas folhas se empilham de modo a formar cristais, enquanto que as outras partes da estrutura originam áreas amorfas. É a interação entre os segmentos cristalinos rígidos e as regiões amorfas elásticas que proporcionam à seda de aranha suas extraordinárias propriedades. A ductilidade elevada é decorrente do rompimento das pontes de hidrogênio nessas regiões. A resistência à tração da seda de aranha é maior do que a de uma barra de aço do mesmo peso. O fio da teia de aranha pode ser esticado até 30 a 40 por cento de seu comprimento antes de se romper.

Produção de seda

As aranhas produzem fios de seda utilizando glândulas localizadas na ponta de seus abdomêns. Elas usam diferentes glândulas para produzir os diversos tipos de seda. Algumas aranhas são capazes de produzir até oito tipos diferentes de seda durante sua vida.

Projeto e produção de teias

As aranhas se locomovem pelos espaços entre os objetos deixando à deriva um fino fio adesivo. Quando a outra extremidade desse fio se prende a uma superfície adequada, a aranha cuidadosamente caminha por ele, fortalecendo-o com um segundo segmento de fio de seda. Esse processo é repetido até que o segmento se torne forte o suficiente para suportar o restante da teia. Em seguida, a aranha produzirá pequenas redes em forma de Y e as adicionará aos raios da teia, de modo que a distância entre cada raio seja pequena, mas que ela ainda possa atravessar por esse espaço. Isso significa que o número de raios de uma teia está relacionado diretamente ao tamanho da aranha e tamanho total da teia. Trabalhando de dentro para fora, a aranha irá, então, produzir uma espiral temporária não adesiva, com fios suficientemente espaçados para que ela possa se locomover em torno de sua própria teia durante a construção. Na sequência, começando de fora para dentro, substituirá essa espiral por outra com fios adesivos posicionados de modo mais próximos uns aos outros.

Resistência ao impacto

As propriedades da seda de aranha permitem que ela seja forte sob tração, sem, contudo, impedir sua deformação elástica. Quando finalizada, toda a teia de aranha está sob tração. No entanto, a natureza elástica das fibras permite que ela absorva o impacto de um veloz inseto voador, por exemplo. Com o impacto, ocorrerá uma oscilação local, sendo que quanto maior for a oscilação, maior será a sua capacidade resistente. Essa capacidade de armazenamento de energia e o fato de que a maior parte da energia é dissipada conforme a fibra se deforma permitem que a aranha intercepte e capture sua presa em decorrência da absorção de sua energia cinética.

1

As glândulas de produção de seda da aranha

2

Sequência da construção de uma teia

3

Uma teia de aranha gigante

4

A conclusão com êxito de um pouso empregando cabos de segurança para aviões. O cabo no qual a aeronave é presa realiza uma forma de resistência ao impacto similar ao de uma teia de aranha

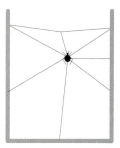

1
Estruturas na
natureza

1.3
Casca de ovo

A estrutura de uma casca de ovo varia muito entre as espécies, mas é essencialmente uma matriz revestida por cristais minerais, geralmente um composto, como o carbonato de cálcio. Não é composta por células e os ovos mais rígidos são mais mineralizados que os mais frágeis.

Ovos de pássaros – propriedades do material

As aves são conhecidas por seus ovos de casca dura. A casca do ovo é composta aproximadamente por 95 por cento de cristais de carbonato de cálcio, que são estabilizados por meio de uma matriz orgânica (proteína). Sem essa proteína, a estrutura cristalina seria frágil demais para manter sua forma.

A espessura da casca é o principal fator que determina sua força. A matriz orgânica possui propriedades de ligação de cálcio e sua organização durante a formação da casca influencia na capacidade resistente da estrutura: o seu material deve ser depositado de modo que o tamanho e a organização dos componentes do cristalino (carbonato de cálcio) sejam ideais, conduzindo assim a uma casca bastante resistente. A maior parte da casca é formada por longas colunas de carbonato de cálcio.

A casca de ovos de aves padrão é uma estrutura porosa, coberta externamente por uma camada protetora (também chamada cutícula), que ajuda o ovo a reter água e a evitar a entrada de bactérias.

Em média, em uma galinha poedeira, o processo de formação de casca leva aproximadamente 20 horas.

Capacidade resistente e forma

A estrutura da casca de um ovo de ave é forte em compressão e fraca em tração. Conforme o peso se concentra em sua parte superior, a parte exterior da casca será submetida à compressão, enquanto que a parte interior sofrerá tração. Desse modo, a casca poderá suportar ao peso da ave chocadeira. Os filhotes de galinha não são fortes, mas exercendo força concentrada em um ponto dentro da casca, eles conseguem sair do ovo sozinhos (a galinha possui um "dente de ovo", que usa para iniciar um furo).

É a forma de arco/domo que ajuda a casca do ovo a suportar à tração.

A capacidade resistente da estrutura de uma casca de ovo depende de sua geometria precisa – em particular, de seus raios de curvatura. Arcos ogivais feitos com concreto armado exigem menos armaduras do que um simples arco semicircular. Isso significa que uma cúpula altamente abobadada (baixos raios de curvatura) é mais forte do que uma cúpula menos sinuosa (altos raios de curvatura). É por isso que é fácil de quebrar um ovo apertando-o pelos lados, mas não por suas extremidades. Membros do Ontario Science Centre, em Toronto, foram bem sucedidos no experimento de manter uma pessoa de 90 kg sobre um ovo sem quebrá-lo.

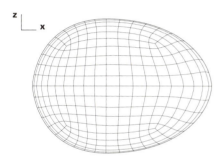
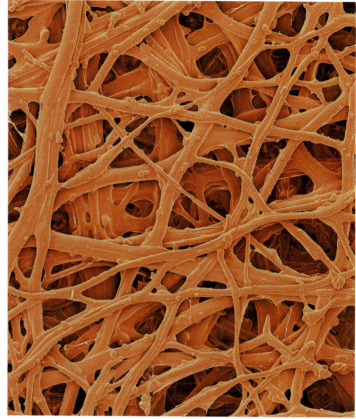

1

Um ovo de galinha

2

Malha de casca de ovo gerada com o uso de elementos finitos do tipo casca

3

Uma visão microscópica da estrutura reticulada da casca de um ovo

4

Um arco com sob compressão suportará a forças maiores se tiver forma ogival

5

Os arcos de pedra e aço do Pavilion of the Future, construídos por Peter Rice, para a Expo-92 realizada em Sevilha, expressam a sua capacidade resistente por meio da separação dos elementos tracionados dos comprimidos

1
Estruturas na
natureza

1.4
Bolhas de sabão

Tensão superficial

Uma bolha de sabão existe porque a camada
superficial de um líquido possui uma determinada
tensão superficial, que faz com que essa camada se
comporte elasticamente. Uma bolha feita com um
líquido puro isoladamente, no entanto, é instável,
sendo necessário um agente tensoativo dissolvido,
como o sabão, para estabilizá-la. O sabão age de
modo a diminuir a tensão superficial, o que tem como
efeito a estabilização da bolha (por meio de um
processo conhecido como efeito Marangoni):
conforme a película do sabão se estica, a
concentração superficial do sabão diminui, o que
ocasiona o aumento da tensão superficial. O sabão,
portanto, seletivamente fortalece as partes mais
fracas da bolha e tende a evitar que ela se expanda
mais.

Forma

A forma esférica da bolha de sabão é também
decorrente da tensão superficial. A tensão faz com
que a bolha se torne esférica por essa forma ser a que
proporciona menor superfície possível para um dado
volume. Uma bolha de sabão, devido à diferença
entre as pressões interna e externa, é uma superfície
de curvatura média constante.

Fusão

Quando duas bolhas de sabão se fundem, elas
adotam a forma que ofereça a menor superfície
possível. Se a bolhas tiverem tamanhos similares, a
parede comum será plana. As bolhas menores, por
terem pressão interna maior, penetrarão nas maiores,
mantendo seus tamanhos originais.

Na ocorrência do encontro de três ou mais bolhas,
elas se organizam de modo que apenas três paredes
se encontrem ao longo de uma linha. Levando-se em
consideração que a tensão superficial é a mesma em
cada uma das três superfícies, os três ângulos entre
elas deve ser igual a 120 graus. Essa é a escolha mais
eficiente e a razão pela qual os favos de uma colmeia
possuem os mesmos 120 graus e forma de hexágono.
Duas bolhas de sabão fundidas apresentam uma
ótima maneira de englobar, com a menor superfície
possível, dois dados volumes de ar, de diferentes
tamanhos. Esse fenômeno foi denomidado de "o
teorema da bolha dupla".

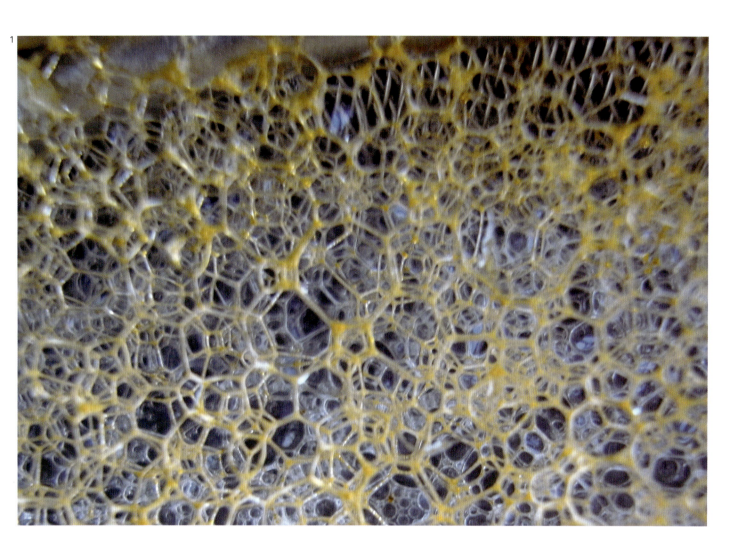

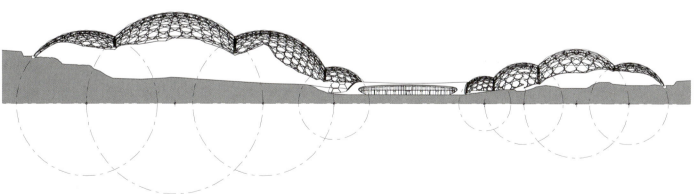

1

Bolhas de sabão fundidas

2

O teorema da bolha dupla aplicado, por Nicholas Grimshaw e Associados, ao desenho dos "bio--domes" do Eden Project, Cornualha, Reino Unido

1
Estruturas na
natureza

1.5
Corpo humano

O esqueleto humano

O esqueleto humano possui 206 ossos que formam uma estrutura rígida à qual os tecidos moles e órgãos estão presos. Os órgãos vitais estão protegidos pelo sistema esquelético.

O esqueleto humano está dividido em duas partes. O esqueleto axial é composto por ossos que formam o eixo do corpo – pescoço e espinha dorsal (coluna vertebral) – e dão sustentação e proteção aos órgãos da cabeça (crânio) e tronco (esterno e costelas). O esqueleto apendicular consiste nos ossos que compõem os ombros, braços e mãos – as extremidades superiores – e aqueles que compõem a bacia, pernas e pés – as extremidades inferiores.

Ossos – propriedades do material

A maioria dos ossos é composta por um tecido ao mesmo tempo denso e esponjoso. O osso compacto é denso e rígido e forma a parte exterior de todos os ossos. O osso esponjoso é encontrado dentro do osso compacto e é muito poroso (repleto de pequenos furos). O tecido ósseo é composto por vários tipos de célula inseridos em uma mistura de sais inorgânicos (principalmente cálcio e fósforo) para dar força óssea e fibras, que proporcionam flexibilidade aos ossos. A natureza oca da estrutura óssea pode ser comparada à relativamente alta capacidade resistente à flexão de tubos ocos em comparação a hastes sólidas.

Músculos – movimento corporal

O esqueleto não apenas fornece a estrutura que dá forma ao nosso corpo, mas também trabalha em conjunto com os 650 músculos do corpo para permitir que os movimentos ocorram. O movimento corporal ocorre, então, por meio da interação dos sistemas esquelético e muscular. Os músculos estão conectados aos ossos por tendões e os ossos, conectados entre si, pelos ligamentos. O encontro de ossos ocorre por intermédio da articulação. Por exemplo, o cotovelo e o joelho formam articulações em dobradiça, enquanto o quadril é uma articulação do tipo esférica. As vértebras que formam a coluna vertebral são conectadas por um tecido elástico, conhecido como cartilagem.

Os músculos responsáveis pelo movimento de uma articulação estão conectados a dois ossos diferentes e se contraem para puxá-los. Por exemplo, a contração do bíceps e o relaxamento do tríceps produzem o esticamento do braço.

Integridade tensional (*tensegrity*)

Já foi dito que o corpo humano, considerado como um todo, é uma estrutura autotensionada (*tensegrity*). Nesse tipo de estrutura, os elementos de compressão não se tocam, mas são mantidos no espaço por elementos de tração separados (cordas, fios ou cabos). O biólogo celular e diretor fundador do Wyss Institute, em Harvard, Don E. Ingber fez a ligação entre as estruturas *tensegrity*, de Kenneth Snelson (veja página 156) e células vivas, e afirma que "uma variedade espantosa de sistemas naturais, incluindo átomos de carbono, moléculas de água, proteínas, vírus, células, tecidos e mesmo seres humanos e outros seres vivos são construídos usando-se uma forma comum de arquitetura, conhecida como *tensegrity*". [1]

1 Ingber, Donald, E., 'The Architecture of Life' in Scientific American, pp. 48–57, January 1998

1 Pose de balé
Caminhar é, na verdade, "cair com estilo". Se você tentar caminhar muito devagar, começará a cair. Tente inclinar-se a frente dos seus quadris. Em algum momento o seu centro de gravidade fica "fora de você" e uma perna se movimenta para frente de modo a formar um triângulo que o impede de cair – o mantém estável. Continue se inclinando e chegará a um ponto no qual a única maneira de manter o seu centro de gravidade será estendendo a perna atrás de você. Esse processo segue o princípio do equilíbrio estático. No caso das estruturas de edifícios, uma estrutura em balanço (fixada na extremidade inferior e livre na superior) pode ser descrita como aquela que se projeta lateralmente a partir da vertical. Baseia-se no contrapeso à procura da estabilidade e na triangulação para resistir aos momentos fletores e às forças cortantes atuantes. Calcula-se esse tipo de estrutura também se impondo o equilíbrio estático entre esforços atuantes (na estrutura) e resistentes (nos apoios)

1

2

2 Argolas de ginástica
O esforço do corpo humano para manter o equilíbrio

1
Estruturas na natureza

1.5
Corpo humano

3 Torres humanas
Uma tradição espanhola cuja intenção é evidente. Várias estratégias podem ser empregadas, mas, em todos os casos, uma base sólida para a torre é imprescindível. Assim como em uma árvore, há uma estrutura uniforme de raízes para reforçar o "pilar". Cada participante usa um largo cinto para reforçar a conexão entre a coluna vertebral e a pélvis, além de proteger os rins de alguma pressão indevida

4 Círculo de pessoas
Um círculo de pessoas sentadas no colo umas das outras forma um tipo de estrutura tensegrity, por meio da qual todas são sustentadas sem a necessidade de qualquer mobiliário

5 Arcobotante
O princípio estrutural da torre humana é também expresso pelos arcobotantes, tradicionalmente usados para dar suporte a estruturas de alvenaria de baixo carregamento

6 Forth Rail Bridge
Os projetistas da Forth Rail Bridge usaram seus próprios corpos para demonstrar como a ponte utiliza o princípio de equilíbrio. Os corpos de dois homens no nível do chão estão atuando como pilares (em compressão) e seus braços estão sendo puxados (em tração). As varas estão comprimidas e estão transferindo a carga de volta para a cadeira. T =Tração, C = Compressão e R = Reação

T = Tensão
C = Compressão
R = Reação

2
Teoria

23

2
Teoria

2.1
Teoria geral das estruturas

2.1.1
Introdução

Em termos de engenharia de estruturas, um edifício pode ser considerado como uma série de elementos individuais interligados, cuja função é transferir carregamentos aplicados externamente para as fundações do edifício, através de uma sistema estrutural.

Este capítulo examina os tipos de carregamentos que podem ser aplicados às estruturas e os esforços que se desenvolvem dentro de componentes estruturais para suportar as aplicações de forças externas.

A Engenharia de Estruturas utiliza o princípio do equilíbrio estático para analisar a distribuição de força. Neste capítulo, os conceitos básicos de equilíbrio estático são examinados e explicados por meio do uso de modelos simples, ao mesmo tempo em que são fornecidas algumas equações matemáticas simples para arranjos de vigas comuns.

Para determinar se um elemento estrutural é capaz de suportar as força aplicadas a ele, dois fatores principais devem ser considerados: as dimensões do elemento e o material do qual é feito. Outras seções deste capítulo examinam tanto a geometria quanto as propriedades materiais dos elementos estruturais e, ainda, suas aplicações no desempenho da estrutura.

Ao mesmo tempo em que os elementos estruturais de um edifício devem ser concebidos para assegurar que eles sejam capazes de suportar o carregamento aplicado sem entrar em colapso, eles também devem ser pensados para assegurar que cumprirão seus propósitos iniciais sem que ocorra oscilação, desvio ou vibração excessiva a ponto de perturbar os ocupantes ou causar algum dano. Esses critérios são frequentemente chamados de "em serviço" ou "estado de serviço" e são explicados na seção "Adequação ao propósito".

Os elementos individuais são combinados para formar as estruturas que variam de finas cascas de concreto a pontes treliçadas de aço, de iglus a arranha-céus. Tudo deve ser suficientemente estável para suportar a qualquer força imposta lateralmente e, assim, evitar que a estrutura venha a cair. A estabilidade e os vários mecânismos de transferência de força que as diversas construções utilizam são explicados neste capítulo utilizando-se a classificação de edifícios desenvolvida por Heinrich Engel.

Segue um breve glossário dos termos utilizados nessa seção:

Força – Uma medida da interação entre dois corpos. Medida em newtons (N) ou quilonewtons (kN).

Carregamento – A força ou o conjunto de forças que agem externamente sobre o elemento de uma estrutura. Medida em newtons (N) ou quilonewtons (kN).

Esforço solicitante – Esforços internos que ocorrem nos elementos estruturais decorrentes do carregamento externo.

Massa – Uma medida da quantidade de material em um objeto. Medida em quilogramas (kg).

Sigma (Σ) – Símbolo matemático que significa "somatória". Por exemplo: $\Sigma F = F_1 + F_2 + F_3$

Peso – Uma medida da quantidade de força gravitacional agindo sobre um objeto. Medido em newtons (N) ou quilonewtons (kN), onde 1 kN = 1000 N.

A massa de um objeto pode ser convertida em peso usando-se a equação:

Força = massa x g

onde g é a aceleração da gravidade: $9,81 \text{ m/s}^2$

Assim, uma massa de 10 kg induz a uma força de:

10 x 9,81 = 98,1 newtons
(ou 0,0981 quilonewtons)

2.1.2
Carregamentos externos

Quando carregamentos externos, permanentes ou variáveis (sobrecarga nos pisos ou vento), são aplicados a um edifício, eles induzem esforços internos aos elementos da estrutura, que são transmitidos e suportados pelas fundações.

A terceira lei de Newton afirma que as forças/esforços se apresentam em pares, tendo cada uma a mesma magnitude e ocorrendo em sentidos opostos. Assim, para que um edifício seja estável, o carregamento externo, ou seja, as forças aplicadas a ele devem ser suportados por forças opostas equivalentes. Esse estado é chamado de equilíbrio estático.

Os carregamentos externos podem ser aplicados a uma estrutura de duas maneiras fundamentalmente diferentes:

Axialmente – Esses carregamentos agem paralelamente ao comprimento da estrutura e normalmente induzem esforços de compressão ou de tração em seu interior.

Transversalmente – carregamentos que agem de modo perpendicular ao comprimento da estrutura. Esse tipo de carregamento pode induzir os esforços solicitantes força cortante (cisalhamento), momento fletor e momento de torção no interior da estrutura, dependendo de sua geometria e do ponto de aplicação da força.

Cada um dos cinco esforços internos ou solicitantes induzidos pela aplicação de carregamentos externos – tração, compressão, cisalhamento, momento fletor e momento de torção – são explicadas na próxima seção deste capítulo.

2.1.3
Esforços Internos

O processo de concepção do projeto e análise estrutural envolve determinar a magnitude dos vários esforços internos também conhecidos por esforços solicitantes (compressão, tração, cisalhamento, momento fletor e de torção) a que cada elemento é submetido, para assegurar que são capazes de resistir a esses esforços.

2.1.3.1
Axial

Força externa concentrada aplicada em pilar

Força externa concentrada de tração aplicada em tirante

Carregamentos axiais agem em sentido paralelo ao comprimento de um elemento. Eles podem tanto ser carregamentos de compressão, que tentam encurtar um elemento, ou de tração, tentando alongá-lo. Os elementos de um sistema estrutural que estão sob forças de compressão são denominados escoras ou, se estiverem na vertical, pilares. Os elementos sob carregamento de tração são chamados tirantes.

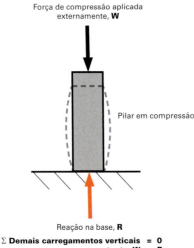

Força de compressão aplicada externamente, **W**
Pilar em compressão
Reação na base, **R**
Σ **Demais carregamentos verticais = 0**
portanto W = R

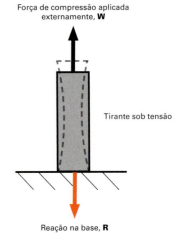

Força de compressão aplicada externamente, **W**
Tirante sob tensão
Reação na base, **R**
Σ **Demais carregamentos verticais = 0**
portanto W = R

2.1.3.2
Cisalhamento

Força concentrada externa aplicada à viga

Esforços internos de cisalhamento, também conhecidos como forças cortantes, atuam de forma perpendicular à direção do comprimento de um elemento e são induzidos por forças externas que, para efeito de análise, podem ser consideradas como forças concentradas, por exemplo, uma pessoa em pé em cima de uma viga, ou forças distribuídas, como o peso de um piso, suportado por uma viga.

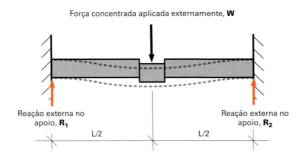

Força concentrada aplicada externamente, **W**
Reação externa no apoio, **R₁**
Reação externa no apoio, **R₂**
L/2   L/2

Σ **Demais carregamentos verticais = 0**
portanto W = R₁+ R₂

2.1.3.3
Flexão

Força concentrada externa aplicada à viga, desenvolvendo o momento fletor

A flexão ocorre quando uma força é aplicada perpendicularmente ao eixo longitudinal de um elemento. Essa força externa induz a forças internas que atuam paralelamente ao comprimento do elemento. A magnitude das forças internas varia proporcionalmente através da altura do elemento, de compressão de um lado até a tração do outro. Em um ponto entre a compressão e a tração, a força interna é zero. Esse é o denominado eixo neutro. A soma algébrica das forças internas multiplicadas pela distância ao eixo neutro é chamada de momento fletor. Os momentos fletores normalmente ocorrem simultaneamente às forças cortantes (cisalhamento) e são medidas em kilonewton-metros (kN m). Um exemplo simples de um momento fletor pode ser demonstrado por meio de uma força vertical aplicada na extremidade de uma viga em balanço. Nessa situação, o momento fletor pode ser calculado multiplicando-se o valor da força aplicada pelo comprimento da viga em balanço.

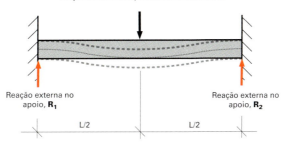

2.1.3.4
Torção

Força concentrada externa aplicada em uma viga em balanço, desenvolvendo torção no apoio

Se o ponto de aplicação da força externa é "excêntrico" em relação ao eixo longitudinal do elemento, um momento de torção será desenvolvido. Esse, por sua vez, induz a forças de torção no interior do elemento de forma a fazê-lo resistir à ação da torção. As forças de torção são distribuídas na seção transversal de um elemento, de maneira circular e de modo que as fibras externas recebam as forças mais elevadas. A magnitude do momento de torção é o produto do valor da força aplicada pela distância a partir do ponto de aplicação até o eixo longitudinal do elemento. A torção é medida em kilonewton-metros (kN m).

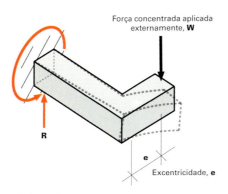

Σ Demais carregamentos verticais = 0
portanto $W = R$

Torção desenvolvida junto ao suporte,
$T = W \times e$

Além disso, novo momento fletor desenvolvido junto ao apoio,
$M = W \times L$

2.1.3.5
Equilíbrio estático

Como mencionado, as forças aplicadas em qualquer estrutura devem ser suportadas por forças equivalentes opostas para alcançar equilíbrio estático e assim respeitar à terceira lei do movimento de Newton. Esse conceito pode ser ilustrado com uma simples gangorra (veja as ilustrações abaixo).

Para que a gangorra fique em equilíbrio, as duas condições a seguir devem ser atendidas:

i) A soma das forças verticais aplicadas são suportadas por forças de reação equivalentes e aplicadas em sentido oposto.

Então: $W_1 + W_2 = R$

ii) A soma dos momentos em torno de qualquer ponto arbitrário é zero.

$$\Sigma M = 0$$

Para uma gangorra estar em equilíbrio estático, a soma das forças verticais aplicadas deve ser igual à força de reação:

Por isso, $W_1 + W_2 = R$

Além disso, a soma dos momentos aplicados a qualquer ponto deve ser igual a zero. Então, considerando-se o momento anti-horário desenvolvido em torno do ponto de pivô:

$$M_{anti-horário} = W_1 \times L_1$$

E o momento horário em relação ao mesmo ponto:

$$M_{horário} = W_2 \times L_1$$

Se essas condições não forem alcançadas, a gangorra irá falhar e cair ao chão.

$$M_{anti-horário} = M_{horário}$$
$$W_1 \times L_1 = W_2 \times L_1$$

Outros exemplos de sistemas equilibrados serão ilustrados a seguir.

As reações de apoio para uma viga com uma única força concentrada podem ser calculadas utilizando-se os conceitos de equilíbrio estático, considerando-a como uma gangorra invertida (isto é, a força aplicada sobre a viga é a reação de apoio para a gangorra e as reações de apoio da viga são as forças aplicadas à gangorra). As reações de apoio geradas a partir de uma força concentrada aplicada externamente sobre a viga podem ser calculadas conforme indicado sobre a viga invertida.

O conceito de equilíbrio estático é fundamental para a análise de sistemas estruturais. As seções a seguir são um exemplo de uma técnica de análise chamada "método das seções" ou método de Ritter. Isso indica como os conceitos de equilíbrio estático podem ser usados para calcular as forças nos elementos internos de uma treliça carregada.

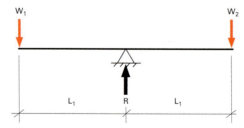

i) Sistema em equilíbrio estático: $W_1 + W_2 = R$

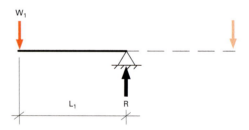

ii) Momento anti-horário em torno do ponto de pivô:
$M_{anti-horário} = W_1 \times L_1$

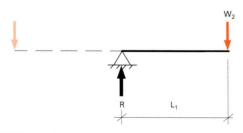

iii) Momento horário em torno do ponto de pivô:
$M_{horário} = W_2 \times L_1$

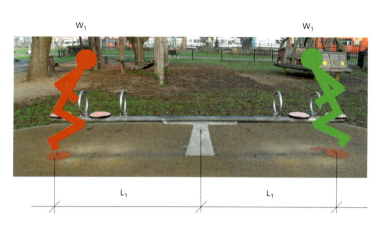

Momento anti-horário em torno do ponto de pivô,

$$M_{anti-horário} = W_1 \times L_1$$

Momento horário em torno do ponto de pivô,

$$M_{horário} = W_2 \times L_1$$

Se $\quad W_1 = W_2$

Isso resulta, $\quad M_{anti-horário} = M_{horário}$

Portanto, $\quad \Sigma M = 0$

O sistema está em equilíbrio estático

Gangorra – Exemplo 1

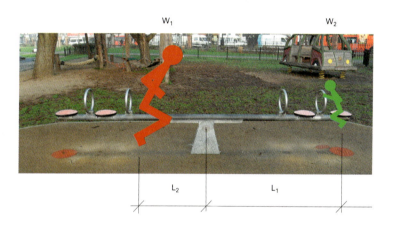

Momento anti-horário em torno do ponto de pivô,

$$M_{anti-horário} = W_1 \times L_2$$

Momento horário em torno do ponto de pivô,

$$M_{horário} = W_3 \times L_1$$

Se $\quad W_1 = 2 \times W_3$

e $\quad L_1 = 2 \times L_2$

Substituindo W3 e L1 no momento horário, tem-se:
$$M_{horário} = (W_1/2) \times 2L_2$$

$$W_1 \times L_2 = M_{anti-horário}$$

Isso resulta, $\quad M_{anti-horário} = M_{horário}$

Portanto, $\quad \Sigma M = 0$

O sistema está em equilíbrio estático.

Gangorra – Exemplo 2

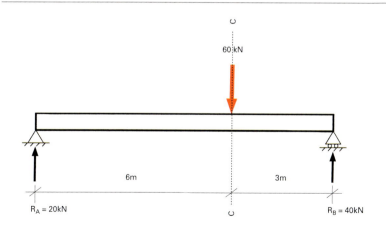

Σ Forças verticais = 0

então $\quad R_A + R_B - 60 \text{ kN} = 0$

Reorganizando; $\quad R_B = 60 - R_A$

& Σ momentos em torno de um ponto = 0

Como Σ momentos em torno de um ponto vale zero, pode-se mostrar que tomando-se os momentos em torno da posição da força concentrada, ponto C;

$$R_A \times 6 = R_B \times 3$$

Substituindo R_B por R_A, tem-se;

$$R_A \times 6 = (60 - R_A) \times 3$$
$$6 R_A = 180 - 3 R_A$$
$$9 R_A = 180$$
$$R_A = 20 \text{ kN}$$

Portanto, se; $\quad R_B = 60 - R_A$

então $\quad R_B = 40 \text{kN}$

Veja exemplo

2.1.3.6
Análise simples

A força axial, força cortante (ou de cisalhamento), momento fletor e de torção desenvolvidos em um elemento de acordo com os diversos cenários de carregamento podem ser calculados com equações simples. Essas ações nos elemento são frequentemente exibidas graficamente utilizando-se diagramas de esforços solicitantes. Cenários comuns de carregamentos sobre elementos com as respectivas equações e diagramas de esforços associados estão indicados nas páginas 36-39. Além disso, um exemplo da técnica do "método de seções" para determinar os esforçoes entre os elementos de uma treliça está incluído nas páginas 34-35, por explicar alguns conceitos úteis de análise e de equilíbrio estático.

Para analisar uma viga com precisão, as condições de apoio devem ser modeladas adequadamente. As equações nas páginas seguintes utilizam os conceitos de 'rotulado' e 'engastado' para as condições de apoio. Os apoios 'rotulados' agem como dobradiças e não oferecem impedimento à rotação, ao passo que os apoios 'engastados' são rígidos e oferecem total impedimento à rotação. Uma viga com apoios 'rotulados' em ambas as extremidades é chamada de 'simplesmente apoiada'. Uma viga com apoios engastados em ambas as extremidades é denominada 'biengastada'.

Considerando-se as condições do apoio rotulado no contexto do pórtico sob carregamento indicado no diagrama mostrado na parte inferior da página seguinte, é possível visualizar que a viga carregada não pode transferir nenhum momento para os pilares de apoio. Quando a força é aplicada na viga, a face inferior da viga a meio vão sofrerá tração, enquanto que a face superior estará em compressão. Esse é denominado o momento de fletor positivo ("positivo", porque decorre de uma convenção de sinais adotada). A força de cisalhamento aplicada à viga é suportada pelas forças internas de cisalhamento que são transferidas, como forças axiais, para o pilar, através da ligação rotulada.

Levando-se em consideração as condições de apoio engastado no contexto do pórtico sob carregamento indicado no diagrama mostrado na parte inferior da página seguinte, pode-se observar que nenhuma rotação entre o pilar e a viga pode ocorrer porque enquanto a viga deforma-se em função do carregamento, o pilar também será forçada a se deformar. Isso altera a deformação do pórtico engastado em comparação ao do pórtico rotulado. Assim como no pórtico rotulado, um momento fletor para baixo é desenvolvido a meio vão do pórtico engastado. Ao contrário do que ocorre com o pórtico rotulado, com o pórtico engastado momentos também se desenvolvem naqueles apoios nos quais as forças são invertidas, com o desenvolvimento de tração na parte superior da viga e compressão, na inferior. Esse é o chamado momento negativo.

O ponto ao longo de uma viga biengastada na qual o momento positivo se transforma no momento negativo (isto é, o ponto no qual o momento é zero) é conhecido como ponto de contraflexão. As forças internas de cisalhamento são transferidas através da ligação engastada para os pilares como forças axiais, de modo similar ao que ocorre com as ligações rotuladas.

As ligações engastadas reduzem significativamente o momento a meio vão e a deformação de uma viga em comparação às ligações rotuladas, possibilitando o uso de vigas menores. Isso é demonstrado na página 32, nas fotografias de um modelo simples de vigas idênticas com carregamentos idênticos, um com apoios rotulados e outro com apoios engastados. A fotografia de baixo mostra claramente os pontos de contraflexão que se desenvolvem no modelo de viga engastada e o reduzido deslocamento (flecha) a meio vão. As equações nas páginas seguintes indicam que o momento a meio vão de uma viga engastada sob uma força concentrada no ponto central é metade daquela da mesma viga com ligações rotuladas e que o deslocamento será quatro vezes menor.

Outra vantagem significativa dos pórticos com ligações engastadas é a sua capacidade de suportar a carregamentos laterais sem colapsar, como aconteceria em pórticos rotulados. Isso pode ser visto na seção 2.1.7.2, que trata de estruturas reticuladas rígidas.

As ligações rotuladas são mais simples de construir e menos onerosas do que as ligações engastadas porque elas não são solicitadas a v nenhum momento transferido, permitindo o uso de pilares menores e mais delgados.

O conceito de apoios engastados e rotulados é teórico – na prática, um número reduzido de ligações se comporta puramente como rotulada ou puramente como rigidamente engastada. Esses conceitos são úteis nas fases preliminares de projeto para avaliar rapidamente as vigas e as dimensões dos pilares, além da estabilidade do edifício às forças laterais.

Após as etapas de projeto preliminar, as ligações ou são concebidas como rotuladas, e os detalhes da ligação são desenvolvidos de modo a acomodar certa rotação, ou a transferência de momento entre a viga e o pilar é calculada de acordo com a rigidez relativa dos elementos, e a ligação é concebida com a capacidade da transferência de momento. Essa último é conhecido como conexão à momento.

Viga com apoio simples nas extremidades

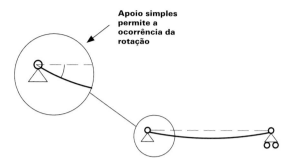

Apoio simples permite a ocorrência da rotação

Viga com extremidades totalmente engastadas

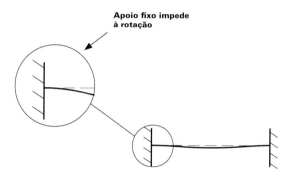

Apoio fixo impede à rotação

Pórticos simples com ligação rotulada e a momento

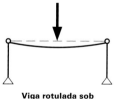

Viga rotulada sob carregamento vertical

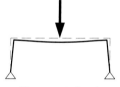

Viga engastada sob carregamento vertical

Viga engastada sob carregamento lateral

2	2.1	2.1.3	**2.1.3.6**
Teoria	Teoria geral das estruturas	Esforços Internos	**Análise simples**

Modelo de viga sob carregamento com condições de apoio rotuladas e engastadas

Modelos simples usando vigas de madeira carregadas a meio vão para demonstrar as implicações na deformação de vigas com extremidades rotuladas e engastadas

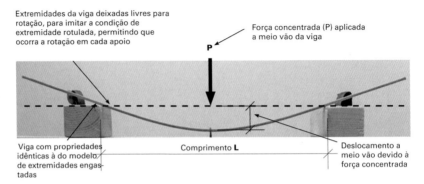

Extremidades da viga deixadas livres para rotação, para imitar a condição de extremidade rotulada, permitindo que ocorra a rotação em cada apoio

Força concentrada (P) aplicada a meio vão da viga

Viga com propriedades idênticas à do modelo de extremidades engastadas

Comprimento **L**

Deslocamento a meio vão devido à força concentrada

'Viga rotulada'

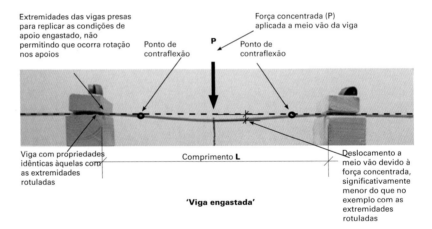

Extremidades das vigas presas para replicar as condições de apoio engastado, não permitindo que ocorra rotação nos apoios

Força concentrada (P) aplicada a meio vão da viga

Ponto de contraflexão

Ponto de contraflexão

Viga com propriedades idênticas àquelas com as extremidades rotuladas

Comprimento **L**

Deslocamento a meio vão devido à força concentrada, significativamente menor do que no exemplo com as extremidades rotuladas

'Viga engastada'

Exemplos de ligações rotuladas e a momento em diversos materiais

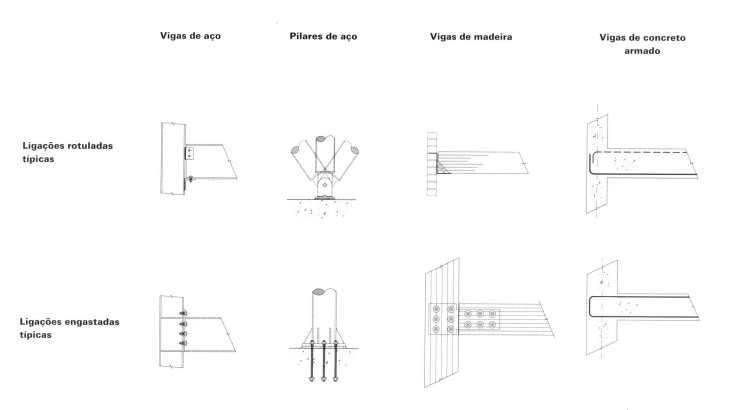

Método das seções (método de Ritter)

Glossário

F_v = carregamentos verticais
R_v = reações verticais
M = momento
F_{AB} = Força axial em elementos de treliça

Os quatro conceitos seguintes podem ser utilizados para o cálculo das forças nos elementos de uma treliça por meio do método das seções.

Conceitos

i) Momento = Força x distância perpendicular a partir do ponto de referência

ii) Em um sistema estático, a soma das forças verticais aplicadas é igual à soma das reações verticais:
$\Sigma F_v = \Sigma R$

iii) Em um sistema estático, os momentos relativos a qualquer ponto são zero:
$\Sigma M = 0$

iv) Componentes da força:

Uma força pode ser descrita como duas forças componentes separadas atuando perpendicularmente uma a outra.

$F_x = F \cos 30°$
$F_y = F \sin 30°$

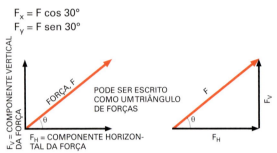

Treliça submetida a uma força concentrada

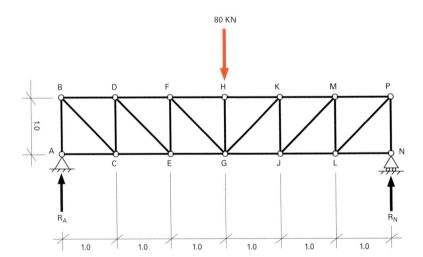

O exemplo a seguir mostra como o Método das Seções utiliza os quatro conceitos descritos acima para calcular as forças atuantes nos elementos verticais e diagonais de uma treliça carregada.

Passo 1

Do conceito ii)
Assim:

$\Sigma W = \Sigma R$
$80 \text{ kN} = R_A + R_N$ (Equação 1)

Do conceito iii)
Considerando os momentos em torno do apoio R_A
Substituindo na equação 1, temos

$\Sigma M = 0$
$R_N \times 6{,}0 = 80 \times 3{,}0$
$R_N = 40 \text{ kN}$

$R_A = 80 - R_N$
$R_A = 40 \text{ kN}$

Passo 2

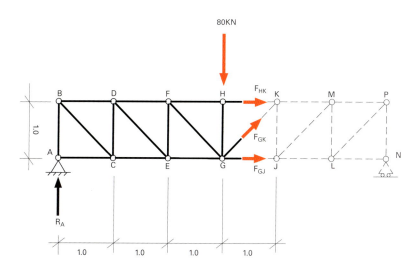

Considere que a treliça seja cortada conforme mostrada à esquerda. As forças nos elementos individuais da treliça precisam ser replicadas para manter o equilíbrio estático. Inicialmente assume-se que as forças agem nas direções indicadas (tração). Note-se que as forças que passam pelas junções produzem momentos nulos nesses pontos à medida que a distância a partir da linha de força até o ponto de referência seja 0.

Considerando o momento em torno do ponto G (Conceito iii),

$(F_{HK} \times 1{,}0) + (R_A \times 3{,}0) = 0$

Substituindo em R_A do passo 1, tem-se

$F_{HK} = -3{,}0 \, R_A$
$F_{HK} = -40 \times 3{,}0$
$F_{HK} = -120$

O sinal negativo indica que a direção da força é oposta ao que foi inicialmente previsto, por isso a força requerida para manter o equilíbrio estático no modelo de treliça cortada é de compressão.

Considerando o momento em torno do ponto K (Conceito iii), substituindo R_A tem-se:

$(80 \times 1{,}0) + (F_{GJ} \times 1{,}0) - (R_A \times 4{,}0) = 0$
$F_{GJ} = (40 \times 4{,}0) - (80 \times 1{,}0)$
$F_{GJ} = 80 \text{ kN}$

Finalmente, para F_{GK} considerar o equilíbrio vertical da treliça cortada. Se $\Sigma F_v = \Sigma R_v$ então o componente vertical do F_{GK} mais as outras forças verticais e reações deve ser igual a zero. Onde:

Componente vertical de $F_{GK} = F_{GK} \operatorname{sen} \theta$ (Equação 2)

$\operatorname{sen} \theta = \dfrac{\text{(comprimento do cateto oposto do triângulo)}}{\text{(comprimento da hipotenusa do triângulo)}} = \dfrac{1}{\sqrt{2}}$

Portanto, reescrevendo a Equação 2, tem-se:

Componente vertical de $F_{GK} = F_{GK} (1{,}0/\sqrt{2})$

Então, considerando as forças verticais e reações:

$80 - (1/\sqrt{2}) F_{GK} - 40 = 0$
$F_{GK} = 56{,}6 \text{ KN}$

O valor positivo indica que a força é F_{GK} agindo na direção suposta no diagrama da treliça, ou seja, de tração.

Esse processo pode ser repetido nos nós adjacentes para calcular todas as forças dos elementos internos da treliça.

2.1.3.7
Equações de vigas comuns

Equações para viga com apoio simples em casos de forças comuns

W = força concentrada (KN)
ω = força uniformemente distribuída (KN/m)
R = Forças de reação
L = Comprimento (m)
I = momento de inércia (ver seção 2.1.5.1)
E = módulo de elasticidade (ver seção 2.1.4.2)

Viga simplesmente apoiada submetida à força concentrada | **Viga simplesmente apoiada submetida à força uniformemente distribuída**

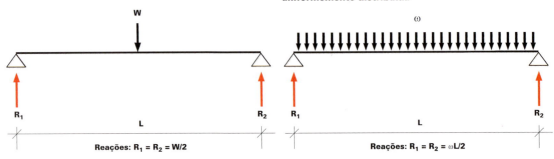

Reações: $R_1 = R_2 = W/2$ | Reações: $R_1 = R_2 = \omega L/2$

Diagramas de momentos fletores

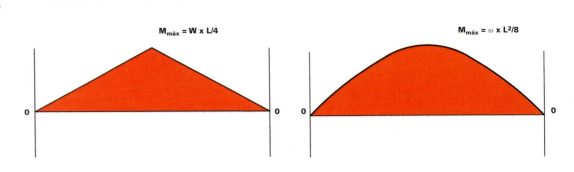

$M_{máx} = W \times L/4$ | $M_{máx} = \omega \times L^2/8$

Diagramas de forças cortantes

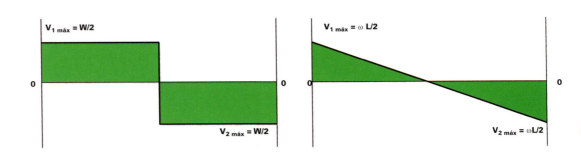

$V_{1\,máx} = W/2$; $V_{2\,máx} = W/2$ | $V_{1\,máx} = \omega L/2$; $V_{2\,máx} = \omega L/2$

Cálculos das flechas (deslocamento no meio do vão)

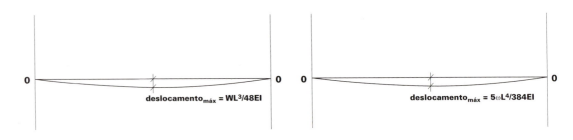

$deslocamento_{máx} = WL^3/48EI$ | $deslocamento_{máx} = 5\omega L^4/384EI$

Equações de vigas engastadas para casos comuns de carregamento

W = força concentrada (KN) **R** = Forças de reação **I** = Momento de inércia **E** = módulo de elasticidade
ω = força uniformemente **L** = Comprimento (m) (ver seção 2.1.5.1) (ver seção 2.1.4.2)
distribuída (KN/m)

| Viga engastada submetida à força concentrada | Vigas engastada submetida à força uniformemente distribuída |

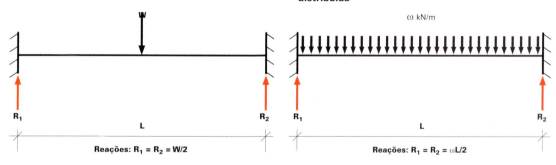

Reações: $R_1 = R_2 = W/2$ | Reações: $R_1 = R_2 = \omega L/2$

Diagramas de momentos fletores

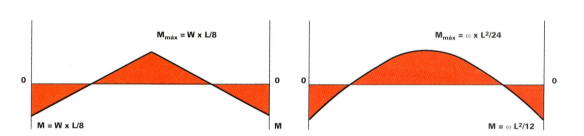

$M_{máx} = W \times L/8$ | $M_{máx} = \omega \times L^2/24$
$M = W \times L/8$ | $M = \omega L^2/12$

Diagramas de forças cortantes

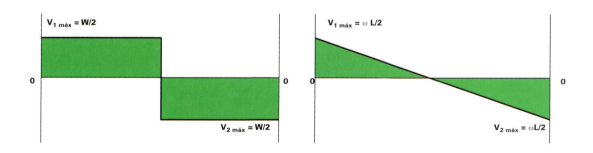

$V_{1\,máx} = W/2$ | $V_{1\,máx} = \omega L/2$
$V_{2\,máx} = W/2$ | $V_{2\,máx} = \omega L/2$

Cálculos da flecha (deslocamento no meio do vão)

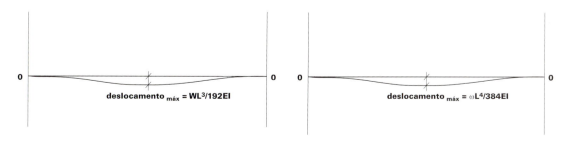

$\text{deslocamento}_{máx} = WL^3/192EI$ | $\text{deslocamento}_{máx} = \omega L^4/384EI$

| 2 | 2.1 | 2.1.3 | 2.1.3.7 |
| Teoria | Teoria geral das estruturas | Esforços Internos | **Equações de vigas comuns** |

Viga em balanço submetida à força excêntrica

W = força concentrada (kN)
T = torção
V = força cortante (ou de cisalhamento)
M = momento fletor

R = forças de reação
L₁ = comprimento da viga biengastada (m)

L₂ = comprimento da viga em balanço

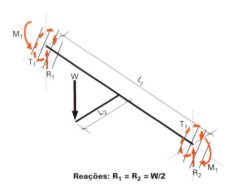

Reações: $R_1 = R_2 = W/2$

Diagrama de momentos fletores

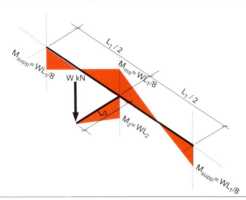

Diagrama de forças cortantes

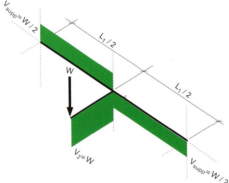

Diagrama de momentos de torção

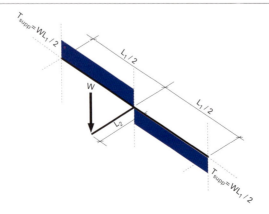

Equações para cabo horizontal submetido a força uniformemente distribuída

w = força uniformemente distribuída (KN/m)
L = comprimento
h = flecha
T = tração no cabo
H = componente horizontal da tração no cabo
V = componente vertical da tração no cabo
s = índice flecha por comprimento

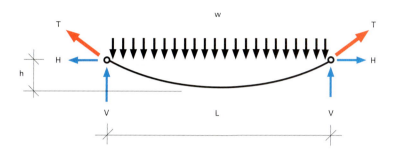

Força horizontal $H = wL^2 / 8h$
Força vertical $V = wL / 2$
Índice flecha $s = h/L$
Tração no cabo $T = \sqrt{\left(\left(\dfrac{wL^2}{8h} + \dfrac{wL}{2}\right)^2\right)}$

2.1.4
Propriedades dos materiais

A capacidade de um elemento estrutural de suportar as forças aplicadas tem por base dois critérios muito básicos: do que é feito (propriedades do material) e quais são suas dimensões (características geométricas).

Esta seção examina as propriedades do material. A seção 2.1.5 analisará as características geométricas.

As duas propriedades mais fundamentais que determinam as características estruturais de um material são sua capacidade de receber tensões e as consequentes deformações específicas. A tensão é uma medida de força por unidade de área da seção transversal material. A deformação específica é a relação entre o valor da 'alteração de dimensão' e o valor da 'dimensão original' de um material quanto ele é carregado.

2.1.4.1
Tensão

Forças externas aplicadas a um elemento estrutural induzem esforços internos nele. Tensão é a medida da intensidade desses esforços internos, e é expressa como força por unidade de área. Isso é normalmente escrito como N/mm^2 ou em Pascal (Pa), em que:

$$1 \text{ N/mm}^2 = 1 \times 10^6 \text{ Pa} = 1 \text{MPa}$$

Na medida em que se aumenta a força aplicada a um elemento, os esforços internos e, portanto, a tensão interna no elemento também aumentam até que o material atinja um limite além do qual falhará. O limite dessa tensão é chamado de "resistência" e pode ser determinado de duas maneiras diferentes:

i) "Resistência ao escoamento – esse é o limite de tensão para além do qual o material não mais se comporta "elasticamente" (ver seção 2.1.4.2).

ii) "Resistência ultima ou de ruptura" – esse é limite de tensão para além do qual o material falhará por ruptura.

O processo de calcular um material de forma a não exceder sua resistência ao escoamento é denominado cálculo elástico porque o material se comportará de acordo com princípios de elasticidade em todas as condições de força. Materiais classificados como dúcteis, tais como o aço estrutural, podem ser projetados para exceder a resistência ao escoamento, utilizando a teoria do cálculo plástico, o que permite que forças maiores sejam suportadas pelo material. Esses conceitos são desenvolvidos na seção sobre tensão na flexão na seção 2.1.4.2.

Existem dois tipos de tensão que podem ser induzidos em um elemento estrutural: 'tensão normal" e 'tensão de cisalhamento'. Tensões normais são desenvolvidas quando um elemento é submetido a uma força aplicada paralelamente ao seu eixo longitudinal. Tensões de cisalhamento são desenvolvidas quando um elemento é sujeito a uma força aplicada perpendicularmente ao seu eixo longitudinal.

Forças axiais agem em paralelo com o comprimento de um elemento e, portanto, induzem tensão normal, em que a magnitude da tensão é calculada como a força aplicada dividida pela área da seção transversal perpendicular à direção da força.

Forças de cisalhamento desenvolvem tensões na seção transversal de um elemento paralelamente à direção da força. A distribuição das tensões de cisalhamento é denominada fluxo de cisalhamento. Isso varia, sendo que o máximo ocorre no ponto central e há redução praticamente a zero nas extremidades das fibras. A tensão de cisalhamento máxima numa seção retangular é:

$$\tau_{máx} = 1,5 \, W/A$$

Onde $\quad W =$ força de cisalhamento aplicada
e $\quad A =$ área da seção transversal do elemento

Normalmente, a tensão média na seção transversal de um elemento é calculada de maneira simples:

$$\tau_{média} = W/A$$

As forças de cisalhamento também induzem simultaneamente tensões paralelas ao eixo longitudinal do elemento, chamadas de tensões horizontais de cisalhamento. Isso pode ser explicado considerando-se um pequeno comprimento de uma viga sob a ação de forças de cisalhamento, conforme é possível notar na página seguinte. A fim de que o pequeno comprimento da viga mantenha o equilíbrio estático, deve haver um par adicional de forças equivalentes e aplicadas em sentido oposto que atuem perpendicularmente às forças verticais de cisalhamento da viga. Em alguns materiais, incluindo a madeira, essas tensões horizontais de cisalhamento podem ser mais críticos do que as tensões verticais de cisalhamento.

Forças que causam flexão, da mesma forma que as forças axiais, induzem tensão normal no interior de um elemento. Ao contrário das tensões normais induzidas por forças axiais, a magnitude e a direção das tensões normais devido à flexão variam ao longo da seção transversal de um elemento. As fibras extremas de um elemento sob flexão experimentam os mais altos níveis de tensões de tração e de compressão simultaneamente. Entre as fibras extremas, os níveis de tensão são reduzidos até chegar a zero. Esse ponto é conhecido como eixo neutro. De acordo com a teoria da elasticidade, a máxima tensão decorrente da flexão em uma viga é calculada dividindo-se o momento fletor aplicado pelo 'módulo resistente da seção' da viga. Essa é uma característica geométrica explicada na seção 2.1.4.2.

Elementos sob tensão axial

Força concentrada de compressão aplicada externamente a um pilar

Força concentrada de tração aplicada externamente a um pilar

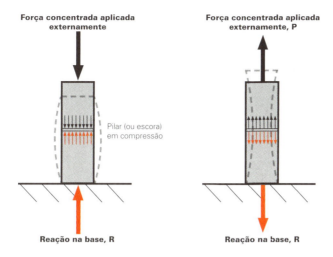

Tensão, $\sigma = P/A$

onde P = Força axial aplicada (em Newtons, em que 1kg = 10N)

e

A = área da seção transversal do elemento

Tensão de cisalhamento em viga sob flexão

Força concentrada de compressão aplicada externamente a uma viga

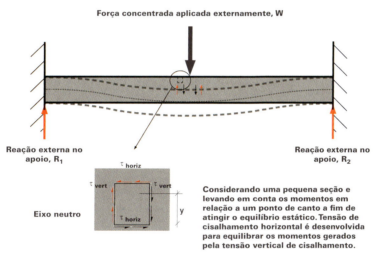

Considerando uma pequena seção e levando em conta os momentos em relação a um ponto de canto a fim de atingir o equilíbrio estático. Tensão de cisalhamento horizontal é desenvolvida para equilibrar os momentos gerados pela tensão vertical de cisalhamento.

Tensão vertical média de cisalhamento na seção transversal perpendicular ao eixo longitudinal:

Tensão de cisalhamento, $\tau_{vert} = W/A$

W = força de cisalhamento aplicada (N)
A = área da seção transversal (mm²)

Tensão horizontal de cisalhamento na seção transversal paralela ao eixo longitudinal:

Tensão de cisalhamento, $\tau_{horiz} = WA'y/bI$

W = Força de cisalhamento aplicada
A' = Momento estático da seção considerada
y = Distância do centro geométrico da área A' em relação ao eixo elástico neutro
b = Largura do elemento considerado
I = Momento de inércia de toda a seção (ver seção 2.1.5.1)

Tensão em viga sob flexão

Viga sob flexão mostrando compressão/tração e eixo neutro

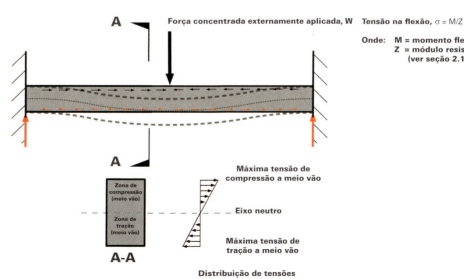

Tensão na flexão, $\sigma = M/Z$

Onde: M = momento fletor
Z = módulo resistente da seção (ver seção 2.1.5.1)

Há forças que causam torção. Elas induzem tensões de cisalhamento no plano perpendicular ao eixo longitudinal de um elemento. Essas tensões de cisalhamento agem de maneira circular e suas magnitudes variam linearmente através da seção transversal de zero no centro até o máximo na face exterior. Devido à natureza radial das tensões de torção, o 'fluxo de cisalhamento' é altamente dependente da forma da seção que está sob tensão. Perfis circulares sólidos e perfis ocos têm um percurso circular fechado que pode ser seguido pelo fluxo de tensões e, portanto, essas formas são capazes de suportar os efeitos da torção mais eficientemente do que os perfis abertos (tais como vigas I de aço). A torção é calculada utilizando-se o momento polar de inércia, que, para um perfil circular sólido é:

Momento polar de inércia $J_{\text{círculo sólido}} = \pi D^4/32$

Tensão de torção $\tau_{\text{círculo sólido}} = Tr/J$

Onde   T = torção
            D = diâmetro
e   r = distância entre o centro
              e o ponto considerado

Para $\tau_{\text{máx}}$, r = raio da seção

O momento polar de inércia de uma seção retangular é mais complicado e está além do escopo deste livro. No entanto, a tensão em uma seção retangular é, na maioria das vezes, aproximadamente:

$$\tau_{\text{retângulo sólido}} = 2T/h_{\text{mín}}^2(h_{\text{máx}} - h_{\text{mín}}/3)$$

onde $h_{\text{máx}}$ e $h_{\text{mín}}$ representam a altura e a largura da seção transversal retangular.

Os valores da resistência ao escoamento à tensão normal, σ, e o cisalhamento, τ, geralmente não são os mesmos para um dado material. Por exemplo, para o aço estrutural (aço-carbono):

Resistência ao escoamento
na tração normal $\sigma = 275 \text{ N/mm}^2$

Resistência ao escoamento na
compressão normal $\sigma = 275 \text{ N/mm}^2$

Resistência ao escoamento no
cisalhamento $\tau = 165 \text{ N/mm}^2$

Materiais diferentes podem resistir a diferentes valores de tensão de cisalhamento ou de tensão normal, tornando alguns mais adequados para aplicações estruturais do que outros. Uma lista de diversos materiais comuns associados às suas resistências é fornecida na tabela da página 46.

Elemento sujeito à torção

Força concentrada externa excêntrica induzindo torção em viga

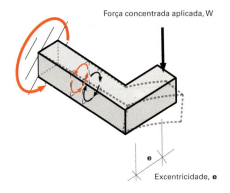

Tensão aproximada de cisalhamento em função de torção em seção sólida retangular:

$$\tau = 2 \times T / h_{\text{min}}^2 (h_{\text{máx}} - h_{\text{min}}/3)$$

Onde   h = dimensões da seção
                 transversal retangular (m)
            T = torção aplicada = We (kNm)

Tensão de cisalhamento decorrentes da torção em seção sólida circular:

$$\tau = Tr/(\pi D^4/32)$$

Onde   T = torção aplicada = We (kNm)
            D = diâmetro (m)
            r = distância do centro do eixo
               ao ponto de medição (m)

Metais e concreto são materiais isotrópicos, o que significa que eles possuem as propriedades de matéria idênticas em todas as direções. Por isso, um cubo de concreto ou de metal suportará a mesma força de compressão independentemente de em qual face do cubo a força é aplicada. O mesmo é verdadeiro para as forças de tração e cisalhamento. Fibras de carbono ou de madeira são materiais ortotrópicos, ou seja, suas propriedades de matéria variam em diferentes eixos. Por exemplo, um cubo de madeira será comprimido mais facilmente quando a força for aplicada perpendicularmente às fibras do que se for aplicada de forma paralela. Além disso, a capacidade de suportar tensões de cisalhamento da madeira paralelamente às fibras (grã) é significativamente menor do que perpendicularmente. Devido a isso, as tensões horizontais de cisalhamento descritas anteriormente são frequentemente os critérios críticos de concepção de cisalhamento de uma viga de madeira sob carregamento vertical em oposição às tensões de cisalhamento verticais, que atuam na direção do carregamento aplicado. Por isso, ao se projetar com materiais ortotrópicos, deve-se considerar na fase de projeto a orientação laminar do material.

Apesar de tanto o concreto quanto o aço carbono (aço estrutural) serem materiais isotrópicos, eles diferem pelo fato de que a resistência à tração e à compressão do aço carbono são idênticas. O concreto, no entanto, tem uma elevada resistência à compressão, mas uma desprezável resistência à tração em todos os eixos, principalmente devido às fissuras microscópicas que se desenvolvem nele durante a cura. Os momentos fletores desenvolvem simultaneamente tensões de compressão e de tração em um elemento estrutural e, portanto, um elemento de concreto falharia sob um carregamento muito pequeno, devido à sua pobre resistência à tração. Para evitar isso, o concreto é reforçado com barras de aço longitudinais nas áreas que estão sujeitas às tensões de tração.

Seção de viga de concreto armado

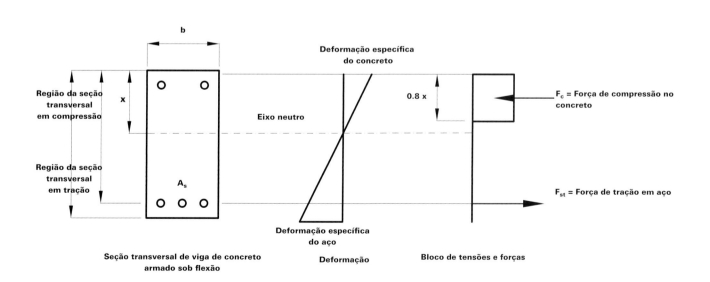

2.1.4.2
Deformação específica

Quando uma amostra de material é colocada sob carregamento, ela sofrerá alguma deformação ("deformação" significa alteração de forma). Essa deformação ocorrerá por alongamento, compressão ou cisalhamento, dependendo do modo como a força for aplicada. A deformação específica é medida pela razão entre o valor do deslocamento (distância entre um determinado ponto antes do carregamento e sua posição após a aplicação dele) e a dimensão original de uma amostra de material. Existem vários tipos diferentes de deformação específica, incluindo a linear, a volumétrica e a de cisalhamento. A deformação linear específica é a razão entre o alongamento sob carregamento axial e o comprimento original. É escrita como:

Deformação específica, ε = dl / l

onde
dl = alongamento, e
l = comprimento original

Quando sob carregamento, a maioria dos materiais apresenta comportamento elástico de acordo com a Lei de Hooke. Conforme a força é aplicada, os materias se deformam, mas quando a força é removida, retornam às suas dimensões originais. Plotando o valor da deformação específica contra a tensão em um material conforme sofre carregamento, gera-se o gráfico ilustrado na página seguinte. Esse exemplo tem por base uma modelo de aço carbono. A linha reta indica a região elástico-linear. Nessa região, o material respeita à Lei de Hooke e retorna ao seu tamanho original conforme o carregamento é removido. A taxa de tensão dividida pela deformação específica, nessa região, é um valor constante conhecido como módulo de elasticidade. Para forças de tração que induzem tensões e deformações de tração, esse módulo também é conhecido como módulo de Young. Outros módulos elásticos tais como o módulo de cisalhamento, módulo volumétrico e o coeficiente de Poisson, serão brevemente explicados nos diagramas da página seguinte.

módulo de elasticidade,
E = tensão linear / deformação linear específica
= σ / ε

Esse valor, combinado com outras características geométricas da seção, é usado para calcular a 'rigidez' de elementos estruturais utilizando a equação:

Rigidez
K = EI/L

Onde
I = momento de inércia da seção (ver seção 2.1.5.1)
L = comprimento do elemento

A rigidez de um elemento ou de um sistema de elementos é utilizada para o cálculo dos deslocamentos de elementos estruturais e para determinar o quantil de forças que é suportado por cada um dos elementos de um sistema em que os elementos mais rígidos atrairão as maiores forças.

À medida que a força aplicada a uma amostra de material é aumentada, se alcançará o seu limite elástico para além do qual ela não mais retornará para as dimensões originais após a remoção. Nesse ponto, o material se comporta 'plasticamente' e é representado pelo regime plástico indicado no gráfico da página seguinte.

Conforme a força e, portanto, a tensão, aumentam gradativamente, o material acabará por atingir sua capacidade máxima de resistência, ponto no qual irá se romper.

O aço carbono grau S275 e o alumínio 6061-T6 possuem resistências ao escoamento bastante semelhantes, cerca de 280 Newtons por milímetro quadrado, o que significa que eles são capazes de suportar forças muito semelhantes antes de alcançarem seus limites de elasticidade. O alumínio 6061-T6, no entanto, possui um módulo de elasticidade de 68.900 Newtons por milímetro quadrado, que é aproximadamente três vezes menor do que aquele do aço carbono a 205.000 Newtons por milímetro quadrado. Portanto, pontos de uma viga de alumínio se deslocarão três vezes mais do que uma viga de aço carbono de tamanho idêntico, sob as mesmas forças. Nesse exemplo, pode-se dizer que a viga de aço possui uma rigidez à flexão três vezes maior que a de uma viga de alumínio, já que as propriedades geométricas I e L são constantes.

A deformação específica a que um material é capaz de submeter-se antes que ocorra a falha determina se ele pode ser classificado como frágil ou dútil. Os materiais que falham antes da deformação específica atingir a 5 por cento são classificados como frágeis. Isso inclui concreto, madeira, vidro e cerâmica. Os materiais frágeis tendem a falhar repentinamente e sem prévio aviso. Materiais como o aço carbono e o alumínio são classificados como dúteis, pois apresentam um grau significativo de deformação antes de ocorrer a falha. Isso pode ser frequentemente visto pela mudança da seção transversal de um elemento sob tração, ou grandes deslocamentos em vigas sob flexão.

Outras propriedades que afetam o desempenho dos materiais estruturais mais comuns estão incluídas na seção seguinte.

Tipos de deformação

L = dimensão original
dL = deslocamento
W = força

Deformação por tração | Deformação por cisalhamento | Deformação volumétrica

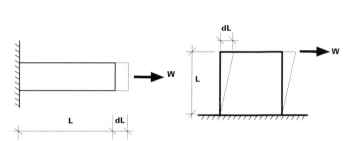
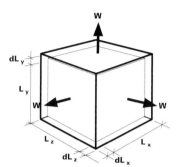

Deformação específica na tração, $\varepsilon_L = dL/L$

Tensão na tração, $\sigma = W/A$

Módulo de elasticidade na tração:

$E = \sigma / \varepsilon$

Deformação específica no cisalhamento, $\varepsilon_s = dL/L$

Tensão no cisalhamento, $\tau = W/A$

Módulo de elasticidade transversal:

$G = \tau / \varepsilon$

Deformação específica volumétrica, $\varepsilon_v = dL_x/L_x + dL_y/L_y + dL_z/L_z$

Módulo volumétrico:

$K = dp / (dV/V)$

onde: dp = mudança diferencial na pressão sobre o objeto
dV = mudança diferencial no volume de um objeto
V = volume inicial de um objeto

Coeficiente de Poisson

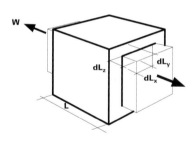

Coeficiente de Poisson,
ν = deformação transversal / deformação longitudinal

$$\nu = (3K - 2G)/(6K + 2G)$$

$$E = 2G(1 + \nu)$$

$$E = 3K(1 - 2\nu)$$

Diagrama tensão-deformação

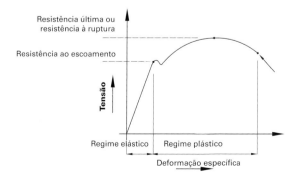

2	2.1	2.1.4	**2.1.4.2**
Teoria	Teoria geral das estruturas	Propriedades dos materiais	**Deformação específica**

Módulo de elasticidade

A resistência ao escoamento, resistência última e módulo de elasticidade para alguns materiais típicos

Material	Resistência ao escoamento (N/mm²)	Resistência última (N/mm²)	Módulo de elasticidade (N/mm²)
Aço carbono (ASTM A-36)	275 420	205.000	
Aço de alta resistência (ASTM A-514)	690 760	205.000	
Alumínio 6061-T6	276	380 68.900	
Ferro	100 350	211.000	
Titânio	225 370	120.000	
Tugstênio 550	620 410.000		
Concreto (C40)	N/A 40 (compressão)	30.000	
Cabelo humano N/A	380 3.890		
Vidro N/A	33 70		
Fibra de carbono (Cytec Thornel T-650/42 12KL)	N/A 4.820 (tração)	290.000	
Osso (fêmur)	N/A 135 (tração)	205 (compressão) 17.000	
Borracha natural N/A	28 (tração) 10		
Grafeno N/A	130.000 1.000.000		
Douglas fir (madeira macia)	N/A 50		12

2.1.4.3
Propriedades do aço

Grau

O aço estrutural é classificado de forma a se identificar sua resistência característica ao escoamento. Os tipos mais comuns de aços no Reino Unido são S275 ou S355, que possuem 275 N/mm^2 e 335 N/mm^2 de resistência ao escoamento, respectivamente. Aços de maior resistência contêm maiores níveis de carbono. O aumento dos níveis de carbono adiciona resistência, mas também eleva a fragilidade e torna o aço menos fácil de ser soldado. O aço mais frágil possui grande suscetibilidade à ruptura frágil em condições de frio e, consequentemente, a classificação do aço deve ser realizada não somente com base em suas características de resistência, mas também com base nas condições climáticas às quais será submetido.

A fragilidade pode ser avaliada mendindo-se a resistência do aço ao impacto. Um teste comum para avaliar a resistência ao impacto é o teste Charpy com entalhe em V, que envolve o uso de um pêndulo para colidir com uma amostra de material e calcular a energia absorvida na amostra, medindo-se o quanto o pêndulo oscila de volta após atingir a amostra.

De acordo com o código EN10025: Parte 2:2004, o aço é especificado como se segue:

S   275 JR

S   denota ser um aço estrutural

275   denota a resistência ao escoamento em N/mm^2

JR   denota a resistência ao impacto que pode variar de JR, J0, J2 a K2, onde JR indica condições normais e K2, condições de severa exposição

Fadiga

Sob carregamento e descarregamento cíclicos, estruturas metálicas podem desenvolver fissuras microscópicas na superfície, devido à 'fadiga'. Se deixadas livremente, as fissuras por fadiga podem levar à falha catastrófica súbita de um elemento. Estruturas sujeitas a carregamento cíclico – como estradas, pontes alguns edifícios industriais, ginásios e pistas de dança – devem ser projetadas à prova de falha por fadiga. Isso é feito estimando-se o número de ciclos de carregamento ao longo do tempo de vida da estrutura e utilizando-se dados experimentais para reduzir a tensão de cálculo (valor da tensão usada em projeto) do aço.

2.1.4.4
Propriedades do concreto

Grau
O concreto é classificado de acordo com sua resistência à compressão e as condições de exposição às quais será submetido. As reais proporções de mistura, incluindo as porcentagens de cimento, serão então projetadas especificamente para atender a esses requisitos. Em concreto armado, o cobrimento de concreto das barras de aço é também um importante parâmetro. O 'cobrimento' deve ser suficiente para assegurar que a armadura de aço não fique exposta a agentes químicos ou água provenientes do meio ambiente e que podem causar a sua oxidação. Conforme o aço se oxida, ele se expande. Isso causa o lascamento do concreto, que, por sua vez, leva à ocorrência de prejuízos maiores. As profundidades mínimas são fornecidas em diversas normas sobre concreto. Elas geralmente variam de 20 mm a 75 mm, dependendo da gravidade das condições de exposição.

Retração
O concreto pode se retrair de diversas maneiras diferentes depois de ser lançado, devido à perda de umidade e subsequente alteração de volume. Essas maneiras incluem retração na secagem, retração plástica, retração 'autógena' e retração por 'carbonatação'. Todos os tipos de retração formam rachaduras, o que pode afetar a durabilidade e a aparência do material. A retração pode ser controlada de várias maneiras, que incluem redução do tamanho da peça de concreto, proteção do concreto durante a secagem cobrindo-o com um tecido úmido para evitar que resseque, ou redução do volume de água na mistura de concreto com a utilização de aditivos químicos conhecidos como plastificantes.

Fluência
A fluência é um fenômeno pelo qual um material sólido, sob um carregamento constante, gradualmente se deforma. Conforme as vigas de concreto sofrem carregamento, elas estão sujeitas à fluência, que resulta em um aumento gradual da deformação ao longo do tempo.

O grau de fluência está sujeito a numerosos critérios, incluindo a mistura do concreto e a umidade relativa durante a cura e as condições de utilização. Em determinadas circunstâncias, deslocamentos por fluência a longo prazo podem ser até duas vezes o valor de deslocamentos a curto prazo provocados por forças permanentes. As implicações da fluência podem ser particularmente significativas para vigas de concreto instaladas sobre fachadas de vidro ou paredes não estruturais. Nessas situações, conforme a deformação da viga de concreto aumenta, os elementos não estruturais podem ser submetidos a forças para as quais não foram projetados, resultando na ocorrência de danos. Os efeitos da fluência são considerados no processo de concepção por meio da redução do módulo de elasticidade do concreto em dois terços na fase de projeto.

2.1.4.5
Propriedades da madeira

Categoria de resistência

A madeira pode ser escolhida por espécie, mas, para finalidades de construção, é mais comumente especificada pelo grau de resistência. Cada peça de madeira com uma particular categoria de resistência terá semelhantes capacidades de suportar flexão, compressão e cisalhamento.

Ortotrópico

A madeira é um material ortotrópico, portanto, possui diferentes propriedades estruturais de acordo com diferentes direções. Isso é particularmente relevante no projeto de cisalhamento de vigas de madeira, conforme a capacidade de cisalhamento paralela à grã é significantemente menor do que a capacidade de cisalhamento perpendicular à grã. Portanto, quando uma viga sofre carregamento na direção perpendicular à grã geralmente falhará no cisalhamento devido à tensão de cisalhamento horizontal (ver seção 2.1.4.1) ou perpendicular à linha de ação da força aplicada, em oposição à tensão de cisalhamento vertical.

Material natural

A madeira ser um material de ocorrência natural significa que ela contém imperfeições e irregularidades tais como os nós e podem desenvolver gretas ou fendas, conforme ela seca. Além disso, a madeira é um material higroscópico, o que significa que perderá umidade conforme seca e absorverá umidade da atmosfera dependendo da umidade relativa do ambiente. Nesses aspectos, a madeira é única dentre os materiais estruturais. Produtos de madeira para a engenharia, tais como madeira laminada colada, micro-laminada (Laminated Veneer Lumber), e madeira laminada cruzada (Cross Laminated Timber) são fabricadas a partir de camadas finas de madeira coladas em conjunto. Isso assegura propriedades mecânicas melhoradas em comparação à madeira padrão, pois quaisquer imperfeições são distribuídas ao longo do comprimento do elemento ao invés de serem concentradas na área de, por exemplo, um nó. Os produtos engenheirados também são dimensionalmente mais estáveis, pois os folheados finos podem ser eficazmente secos durante o processo de fabricação, assim aliviando o problema de secagem durante a utilização.

Fluência

Assim como acontece com o concreto, a madeira está sujeita à fluência. A deformação pode aumentar em 60 por cento ao longo de dez anos, sob carregamento permanente. Isso é muitas vezes previsto em projeto utilizando-se fatores de segurança maiores para forças que serão aplicadas por períodos mais longos. Classes de madeira em serviço
A madeira apresenta propriedades diferentes quando úmida e, portanto, o projeto deve reconhecer essa probabilidade de a madeira ganhar umidade e ajustar as propriedades do material adequadamente.

Propriedades	Classes de resistência					
Tensão	C14 MPa	C16 MPa	C18 MPa	C22 MPa	C24 MPa	C27 MPa
Flexão	4,1	5,3	5,8	6,8	7,5	10,0
Tração	2,5	3,2	3,5	4,1	4,5	6,0
Compressão paralela à grã	5,2	6,8	7,1	7,5	7,9	8,2
Compressão perpendicular à grã	1,6	1,7	1,7	1,7	1,9	2,0
Cisalhamento paralelo à grã	0,6	0,6	0,6	0,7	0,7	1,1
Módulo de elasticidade	MPa	MPa	MPa	MPa	MPa	MPa
$E_{médio}$	6.800	8.800	9.100	9.700	10.800	12.300
$E_{mínimo}$	4.600	5.800	6.000	6.500	7.200	8.200

$1 MPa = 1 N/mm^2$

2.1.5
Características geométricas das seções transversais

As dimensões da seção transversal de um elemento estrutural afetam significativamente a capacidade do elemento de suportar a aplicação de forças.

As seções a seguir explicam a relação entre as características geométricas das seções e as capacidades resistentes axiais e à flexão de um elemento.

Elas não se destinam a dar orientações detalhadas sobre a concepção de elementos estruturais, o que estaria além do escopo deste livro, mas sim proporcionar uma compreensão conceitual de como a geometria de seção transversal pode ter impacto no comportamento das estruturas.

2.1.5.1
Flexão

Uma viga simplesmente apoiada submetida a uma força vertical a meio vão desenvolverá um momento fletor. As fibras superiores da viga experimentarão uma tensão de compressão enquanto que as fibras inferiores, tensão de tração. A tensão varia através da altura da seção transversal da viga entre essas fibras, como descrito na seção 2.1.4.1. Em um determinado momento na seção transversal, a tensão será zero. Isso é conhecido como eixo neutro.

A intuição diz que uma régua de 30 centímetros orientada como mostrada no lado esquerdo da página seguinte será mais rígida, ou seja, demandará uma força maior a fim de que sofra flexão, do que a régua orientada conforme mostra a figura no lado direito.

Esse aparente aumento de capacidade resistente na régua da figura da esquerda é devido à característica geométrica chamada de 'momento de inércia'. Se uma seção transversal é dividida em uma série de áreas menores e cada uma dessas áreas é multiplicada pelo quadrado da distância do centro ao eixo neutro, a somatória dessas quantidades para a área de seção inteira é o momento de inércia. Para uma seção retangular, o cálculo é o seguinte:

Momento de inércia, $I = BD^3 / 12$

onde $\quad B$ = largura da seção, e
$\quad\quad\quad D$ = altura da seção

A teoria da flexão relaciona o momento de inércia, o momento fletor e a tensão na equação:

$M / I = \sigma / y$

onde $\quad M =\quad$ momento fletor,
$\quad\quad\quad I =\quad$ momento de inércia,
$\quad\quad\quad \sigma =\quad$ tensão, e
$\quad\quad\quad y =\quad$ distância até o eixo neutro

Reescrevendo alternativamente:

$\sigma = M\, y / I$

Também comumente reescrita como a seguir:

$\sigma = M / Z_{el}$

onde Z_{el} é chamado de 'módulo resistente elástico'.

Assim, reanalisando o exemplo intuitivo da régua de plástico, pode-se notar que com uma régua de seção transversal de 35 x 3 milímetros de espessura, os módulos resistentes elásticos das seções associadas às duas orientações diferentes são como é indicado na página seguinte.

Muitas normas de projetos de estruturas são escritas usando os termos "cálculo plástico" ao invés de "cálculo elástico". O cálculo elástico limita a tensão máxima de uma seção à resistência ao escoamento do material. Uma viga concebida de acordo com a teoria elástica atingirá a sua máxima capacidade de flexão quando as fibras das extremidades superior e inferior alcançarem suas resistências ao escoamento, conforme indicado no diagrama de distribuição de tensões na página seguinte. O módulo resistente elastico da seção explicado acima é válido quando a distribuição de tensões é triangular.

A teoria na qual se baseia o cálculo plástico permite ocorrer certa deformação das fibras extremas da seção de uma viga, por exemplo na flexão, quando se atingir a resistência ao escoamento, redistribuindo a tensão para as fibras inferiores, que podem, então, também serem concebidas para atingir a resistência ao escoamento. Um bloco de tensões mostrando que uma seção desenvolveu sua capacidade plástica máxima é indicado na página seguinte.

O módulo da seção elástica, W, pode ser substituído pelo módulo resistente plástico de seção, Z, nas equações acima para se calcular o máximo momento plástico suportado pela seção.

O módulo resistente plástico da seção de uma viga retangular é:

$S = BD^2/4$

Uma régua orientada em duas direções

Seção transversal de uma régua considerando duas orientações diferentes

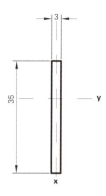
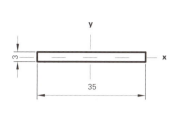

Seção transversal de uma régua com os módulos resistentes

Módulo resistente elástico em torno do eixo x-x

Módulo resistente elástico em torno do eixo y-y

Módulo resistente elástico em torno do eixo x-x:

$Z_x = BD^2/6$

Onde B = 3mm
      D = 35mm

Portanto,
$Z_x = 3 \times 35^2/6$
    $= 612,5$ mm

Quando D = 35 mm, o módulo resistente elástico de uma seção é mais de 11 vezes maior do que quando a seção é rotacionada em 90°. Isso significa que posicionar uma viga de forma que sua maior altura fique na vertical aumentará mais de 11 vezes sua capacidade de receber carregamento.

Módulo resistente elástico em torno do eixo y-y:

$Z_y = BD^2/6$

Onde B = 35mm
      D = 3mm

Portanto
$Z_y = 3^2 \times 35/6$
    $= 52,5$ mm

Distribuição de tensões através da seção transversal de uma viga sob flexão

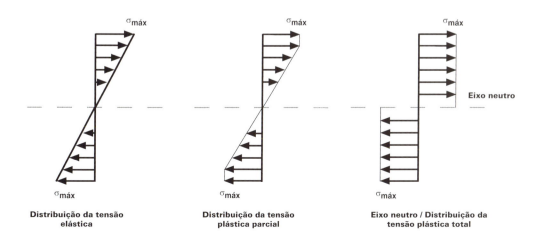

Distribuição da tensão elástica

Distribuição da tensão plástica parcial

Eixo neutro / Distribuição da tensão plástica total

2	2.1	**2.1.5**
Teoria	Teoria geral das estruturas	**Propriedades seccionais**

2.1.5.2
Compressão axial

Elementos sob força axial de compressão podem falhar em dois mecanismos fundamentalmente diferentes:

i) Falha por compressão
ii) Instabilidade

Falha por compressão é uma função da área de seção transversal da seção e da resistência do material. Muito simples: se a força aplicada é muito grande para o pilar suportar, ocorrerá o esmagamento.

Disso, temos que a capacidade de suporte devido à força de compressão pura é a seguinte:

$$\mathbf{P_{comp}} = \mathbf{A}\ \sigma_{compcap}$$

onde P_{comp} = capacidade do pilar sob força de compressão pura para evitar o esmagamento
A = área da seção
$\sigma_{compcap}$ = resistência ao escoamento na compressão do material do pilar

A falha à compressão geralmente governa a concepção de pilares 'curtos'. Os pilares mais longos, mais esbeltos, no entanto, estão propensos a falhar pelo segundo mecanismo, instabilidade, que ocorre antes de chegarem à capacidade última de compressão.

Quando um pilar longo e esbelto é colocado sob uma força axial crescente, será possível observar o pilar se curvar ou flexionar a partir de uma determinada magnitude de força. Isso pode ser demonstrado simplesmente com uma régua plástica de 30 centímetros conforme ela é cuidadosamente comprimida com a mão.

Se a força for aumentada ainda mais, o pilar falhará na flexão ao invés de ocorrer o esmagamento. A instabilidade, ao contrário da falha à compressão, é função da altura e das características geométricas da seção de um elemento.

Na medida em que a esbeltez de um pilar aumenta, além de certo limite, sua capacidade resistente axial deixa de ser governada pela resistência do material para ser função da sua geometria. O gráfico apresentado a seguir indica essa relação.

Enquanto que a altura de um pilar é simplesmente a distância entre a base e o topo, a 'altura efetiva' para efeito de verificação da instabilidade é determinada também pelas condições de apoio em ambas as extremidades. Os apoios rotulados na parte superior e na parte inferior não proporcionam restrição à rotação e, portanto, a deformação do pilar terá uma única curvatura, uma vez que sofre carregamento axialmente, tal como indicado na fotografia de uma régua na página oposta. Quando os apoios superior e inferior são engastados, no entanto, nenhuma rotação pode ocorrer nesses pontos e a deformação do pilar carregado axialmente será alterada. O comprimento efetivo de um pilar biengastado é metade do comprimento efetivo de um pilar birrotulado. Um pilar com uma extremidade fixa e uma extremidade livre para rodar e se movimentar (pilar

em balanço) terá um comprimento efetivo duas vezes o de um pilar com as extremidades rotuladas. Essas e outras condições de restrição das extremidades associadas aos comprimentos efetivos de um pilar para efeito de verificação de instabilidade são mostrados graficamente na página 54. As equações apresentadas a seguir e deduzidas pelo matemático suíço Euler descrevem as máximas forças que um pilar pode suportar antes de ocorrer a instabilidade e denominadas de forças críticas. São as seguintes:

força crítica de instabilidade, Pcomp (neste caso, por se tratar de uma equação deduzida para pilares ideais, ela poderia ser chamada de força crítica de flambagem, mas para manter a nomenclatura do texto, se mantém o termo geral "instabilidade")

tensão crítica de instabilidade, P_{comp}
$$= \frac{\pi^2\ EI}{Le^2}$$

força de compressão no pilar, θ
$$= E\left(\frac{\pi^r}{Le}\right)$$

onde P_{comp} = força de compressão no pilar
E = módulo de elasticidade
Le = comprimento efetivo
r = raio de giração (ver abaixo)

O 'raio de giração' é uma propriedade geométrica, em que:

$$\mathbf{r} = \sqrt{\mathbf{(I/A)}}$$

onde I = momento de inércia (conforme explicado na seção 2.1.5.1)
A = área da seção transversal

A esbeltez é definida como:

$$\lambda = \mathbf{L_e/r}$$

onde L_e = comprimento efetivo do pilar
r = raio mínimo de giração

Como se pode notar a partir das equações acima, a capacidade resistente de um pilar em relação à instabilidade é inversamente proporcional ao quadrado do comprimento efetivo do pilar. Portanto, dobrar o comprimento efetivo irá reduzir a capacidade resistente em relação à instabilidade de acordo com um fator de $2^2 = 4$. No caso de uma seção de pilar não simétrica, o momento de inércia será diferente dependendo de qual o eixo a ser considerado. Conforme mostrado no exemplo da régua de 30 centímetros, pilares esbeltos sempre falham por instabilidade em torno de seu eixo mais fraco e, portanto, a esbeltez deve sempre ser calculada com base no menor eixo. Por essa razão, seções padronizadas para uso como pilares tendem a ser relativamente simétricas em comparação àquelas usadas para vigas de aço, que apresentam grandes diferenças entre os seus momentos de inércia e, consequentemente, esbeltez em torno dos eixos X e Y (ver diagramas na página 54).

NOTA DO TRADUTOR: Do ponto de vista estritamente conceitual, em pilares ideais (material elástico-linear, elementos perfeitamente retilíneos e ausência de excentricidade na aplicação do carregamento) o fenômeno da instabilidade recebe, no Brasil, o nome de flambagem. Em estruturas reais, no entanto, sempre há uma imperfeição na aplicação da força, na retilineidade do eixo do perfil etc. Nesse caso, a presença da força axial provocará um momento fletor. A barra estará sujeita, portanto, à combinação de compressão e flexão, o que a fará curvar-se desde o início da aplicação do carregamento, não se encontrando qualquer alteração notável de deformação quando a força crítica de flambagem é aplicada, ou seja, o fenômeno da flambagem, conforme definido teoricamente, não ocorre em pilares reais. Por isso, o fenômeno aqui descrito é denominado simplesmente de instabilidade.

A régua de 30 centímetros sob força aplicada à mão

Força axial aplicada a uma régua de plástico

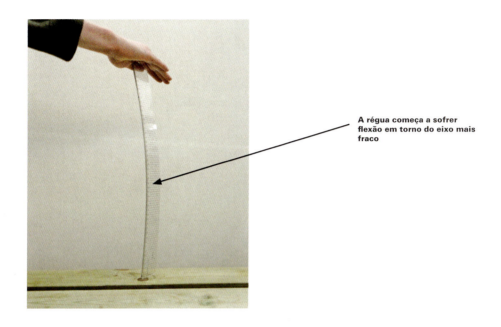

A régua começa a sofrer flexão em torno do eixo mais fraco

Compressão de pilar e instabilidade

Capacidade compressiva

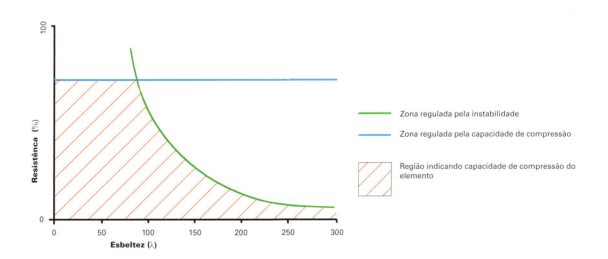

Zona regulada pela instabilidade
Zona regulada pela capacidade de compressão
Região indicando capacidade de compressão do elemento

2	2.1	2.1.5	**2.1.5.2**
Teoria	Teoria geral das estruturas	Propriedades seccionais	**Compressão axial**

Comprimentos efetivos de pilares com diferentes apoios nas extremidades

L_o = Comprimento real
L_e = Comprimento efetivo

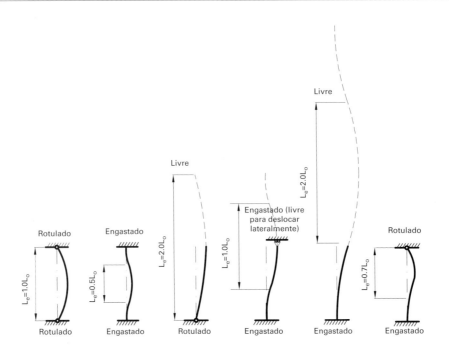

Seções padronizadas (no Reino Unido) para viga e pilar

Seção de viga

Seção de pilar

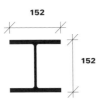

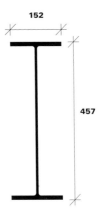

Dimensão da seção: 152 x 152 UC 37 kg/m

momento de inércia, I_x
e raio de giração associado, r_x, em torno do eixo :

I_x = 2210 cm⁴
r_x = 68,5 mm

momento de inércia, I_y
e raio de giração associado, r_y, em torno do eixo y:

I_y = 706 cm⁴
r_y = 38,7 mm

Portanto, para essa seção de pilar a razão da esbeltez em torno do eixo x, mais forte, contra o mais fraco, eixo y, é 68,5/38,7 = 1,77

Dimensão da seção: 457 x 152 UC 52 kg/m run

momento de inércia, I_x
e raio de giração associado, r_x, em torno do eixo :

I_x = 21400 cm⁴
r_x = 179 mm

momento de inércia, I_y
e raio de giração associado, r_y, em torno do eixo y:

I_y = 645 cm⁴
r_y = 31,1 mm

Portanto, para essa seção de viga, a razão da esbeltez em torno do eixo X, mais forte, contra o mais fraco, eixo y, é 179/31,1 = 5,76

2.1.5.3
Deformação

Enquanto o 'momento fletor' é um termo associado a esforços internos desenvolvidos em um elemento sob carregamento, a "deformação" é a forma que a viga toma ao ser carregada. A distância entre um ponto de uma viga antes e após ela se deformar é chamada de "deslocamento".

As equações para calcular o deslocamento de um ponto das vigas sob condições comuns de carregamento e apoio estão indicadas nos diagramas da seção 2.1.3.

O momento de inércia de uma viga tem impacto significativo sobre o grau de deformação ou o valor dos deslocamentos verticais de uma viga, conforme pode-se observar na equação abaixo para uma viga com apoios simples recebendo uma força uniformemente distribuída.

Deslocamento a meio vão, $\delta = 5\omega L^4/(384EI)$

onde
ω = força aplicada por metro
L = comprimento do elemento
E = Módulo de elasticidade do material
I = momento de inércia de seção transversal retangular $(= bd^3/12)$

Conforme explicado na seção 2.1.5.1, o momento de inércia de uma seção retangular é diretamente relacionado ao cubo da altura da seção. Por consequência, o deslocamento vertical de uma viga sob força uniformemente distribuída é inversamente proporcional ao cubo da altura do elemento. Assim, aumentando-se pelo fator 2 a altura do elemento, reduz-se o deslocamento do sistema pelo fator 2 para a potência 3, ou seja, 8 vezes.

Mesmo que isso não se relacione com as características geométricas da seção, é importante notar que, para um elemento uniformemente carregado, os valores dos deslocamentos estão também relacionados ao comprimento de um elemento à potência 4. Por isso, duplicar o comprimento de, por exemplo, uma viga de 4 metros de comprimento para 8 metros sem alterar sua seção resultará em aumento dos deslocamentos de 2 para a potência 4, ou 16 vezes os valores dos deslocamentos originais. Aumentar o vão de uma viga de 4 metros para 5 metros sem nenhuma alteração de seção resultará em deslocamentos aumentados em aproximadamente 2,5 vezes.

2
Teoria

2.1
Teoria geral das estruturas

2.1.6
Adequação à finalidade

Até agora, o desempenho de uma estrutura foi examinado em relação à capacidade de suportar forças aplicadas sem que ocorresse falha de elementos. Esta seção examina outro conjunto de critérios que uma estrutura precisa atender, a fim de que se assegure que a construção possa servir para os fins para os quais foi concebida, ou seja, para seu uso. Esses critérios são os estados-limites de serviço (ou de utilização) e, geralmente, relacionam-se com o movimento da estrutura sob os diversos carregamentos, no seu uso cotidiano.

2.1.6.1
Deformação vertical

Uma viga pode ser concebida para ser perfeitamente capaz de resistir às tensões induzidas por força aplicada verticalmente, e, por consequência, não apresentar nenhum risco de causar um colapso estrutural, mas, mesmo assim, falhar no critério de estado-limite de serviço devido a deslocamento excessivo e, portanto, ser inadequada.

Deslocamento vertical excessivo de lajes e vigas pode causar os seguintes problemas:

- Movimento perceptível pelos usuários do edifício, causando desconforto;
- Danos de acabamentos, tais como tetos e outros componentes, que podem estar apoiados em elementos estruturais deformados;
- Danos ao revestimento do edifício;
- Deformação perceptível visualmente de elementos estruturais, causando preocupação / alarme;

O limite que uma estrutura pode deformar-se verticalmente sem exceder qualquer uma das condições de serviço é uma função do vão e do deslocamento sob forças variável (sobrecarga, vento etc). Deslocamentos decorrentes de forças permanentes (próprio peso) não são relevantes para os três primeiros itens da lista, uma vez que já teriam ocorrido antes da aplicação do revestimento, componentes e carregamentos variáveis e, portanto, não interferiria em qualquer desconforto ou dano que pudesse ocorrer. A fim de limitar a possibilidade de uma deformação perceptível visualmente, vigas com grandes vãos são, frequentemente, construídas com uma curvatura para cima, oposta à da deformação proveniente do carregamento permanente, de forma a compensar parte dos deslocamentos decorrentes desses carregamento. Isso é chamado de contra-flecha.

Os critérios admissíveis para deslocamentos-limites de vigas e lajes variam ligeiramente de acordo com os materiais e as normas em vigor, mas, em geral, os critérios para vigas são aproximadamente conforme os mostrados abaixo:

Viga	Deslocamento máximo (flecha) admissível para carregamentos permanentes (por exemplo, peso próprio)	= L/200
	e Deslocamento máximo (flecha) admissível para carregamentos variáveis (sobrecarga no piso)	= L/360
	ou Deslocamento máximo (flecha) admissível para carregamentos variáveis em vigas que suportam vedações frágeis (tais como tijolo) = L/500	

| **Viga em balanço** | Deslocamento máximo (flecha) admissível para carregamentos permanentes mais variáveis | = L/100 |
| | e Deslocamento máximo (flecha) admissível para carregamentos variáveis | = L/180 |

onde L = comprimento da viga

Em determinadas circunstâncias, é necessário uma redução dos limites para os deslocamentos. Por exemplo, em prédios comerciais, as vedações são frequentemente compostas por grandes unidades de vidro, que são suscetíveis a danos devido ao efeito dominó, se a viga de apoio se deformar significativamente. Para reduzir esse risco, os elementos de extremidade suportando grandes peças de vidro são muitas vezes projetados para atender L/1000 ou 12 mm, o que for menor dos dois.

2.1.6.2
Deformação lateral

Conforme acontece com a deformação vertical, os limites de deslocamento lateral para a maioria das estruturas estão fixados para restringir qualquer movimento lateral perceptível e, portanto, qualquer desconforto para os usuários do edifício e limitar danos aos elementos de construção. O limite máximo permitido para o deslocamento lateral está relacionado à altura do edifício e é, muitas vezes, tomado por: altura / 500.

2.1.6.3
Vibração

Assim como no caso da deformação, um piso pode estar sujeito a falhar quanto aos requisitos de serviço se for submetido a vibrações excessivas. As vibrações podem ser causadas por uma força de impulso único, tal como a queda de um equipamento, ou, por exemplo, um processo industrial.

Essencialmente, a vibração ocorre quando a estrutura do piso oscila. A amplitude e a frequência de cada oscilação determinarão quanto as vibrações são perceptíveis ao usuário do edifício. A amplitude e a frequência são funções do vão e da rigidez do piso, seu peso próprio, o amortecimento intrínseco e a força causadora da vibração. A avaliação das características de vibração de um piso requer cálculos detalhados e frequentemente isso é feito utilizando-se um software de Elementos Finitos para as estruturas mais complexas. O Método dos Elementos Finitos (MEF) é um método que pode ser usado para criar um modelo matemático de uma estrutura. A técnica é subdividir os componentes estruturais em pequenas partes, ou elementos, e aplicar equações matemáticas para modelar o comportamento de cada pequeno elemento e a interação entre eles, modelando assim, a estrutura como um todo. Essas equações são então resolvidas simultaneamente a fim de se encontrar uma solução aproximada, isto é, prever como a estrutura irá se comportar quando colocada sob carregamento. Na medida em que o comportamento de cada elemento afeta e é afetado por seus vizinhos, os cálculos precisam ser repetidos diversas vezes para se levar em conta o efeito dos elementos vizinhos. Execuções adicionais dos cálculos aumentarão a precisão da análise até o ponto em que não haverá quase nenhuma diferença entre cada repetição subsequente dos cálculos. No MEF, esses cálculos podem ser executados diversas vezes, permitindo que modelos muito mais precisos dos componentes sejam desenvolvidos. Fracionando-se os elementos em partes cada vez menores, há um aumento ainda maior da precisão do método, mas é necessário maior número de cálculos e, portanto, um esforço computacional mais elevado.

O movimento real de um piso quando sujeito a vibrações, geralmente, se encaixa nos limites de deslocamentos permitidos. No entanto, a percepção para os usuário de um edifício pode ser de muito maior desconforto. Os níveis aceitáveis de vibração variam significativamente de acordo com os usos dos edifícios, que vão desde instalações industriais a laboratórios e hospitais. Um conjunto de critérios aceitáveis de vibração está disponível em guias de projeto, fornecendo a aceleração máxima do piso para as diferentes condições de usuário final.

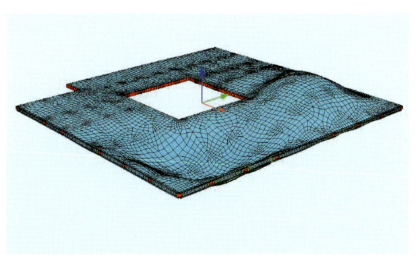

Análise computacional da vibração de piso por meio do MEF

2.1.7
Estruturas

2.1.7.1
Categorias das estruturas

As seções anteriores deste livro examinaram as forças aplicadas a componentes estruturais e como as propriedades do material e as características geométricas das seções tranversais dos elementos estruturais contribuem para as suas capacidades estruturais.

Esta seção considera estruturas como entidades inteiras de elementos interligados e examina como eles podem ser categorizados e estabilizados.

Heinrich Engel propõe um sistema de categorias de estruturas que foi publicado pela primeira vez em 1965. Ele separou os tipos de estruturas em quatro categorias:

- **Forma-ativa**
- **Vetor-ativa**
- **Superfície-ativa**
- **Seção-ativa**

Essas categorias formam um sistema útil para examinar as estruturas primárias responsáveis pela transferência de esforços da grande maioria das formas estruturais.

As categorias de Engel proporcionam aos projetistas um quadro útil no qual as formas estruturais podem ser agrupadas. Uma vez que o mecanismo de transferência de forças em um edifício é identificado, um projetista pode determinar quais os parâmetros irão ou não afetar a eficiência da estrutura, e assim desenvolver um projeto satisfatório.

Na realidade, os requisitos práticos para se alcançar as funções para as quais o edifício é construído, sua forma e estética ao mesmo tempo que devem suportar condições irregulares de carregamento, frequentemente, determinam que os elementos estruturais precisarão ser concebidos para atuarem em mais de um mecanismo de transferência de esforços por vez. Por exemplo, uma laje de piso deve ser calculada para suportar carregamentos verticais por meio de um mecanismo de seção-ativa e, simultaneamente, distribuir carregamentos laterais para núcleos estruturais por meio do mecanismo superfície-ativa. Da mesma maneira, arcos e treliças são comumente necessários para suportar forças irregulares que induzem flexão em seus elementos, reduzindo assim sua eficácia estrutural. Na realidade, a maioria dos edifícios é projetada para cumprir, até certo ponto, a eficiência estrutural e os requisitos práticos.

Forma-ativa

As estruturas 'forma-ativa' dependem de uma série de elementos flexíveis para alcançarem uma forma estável sob carregamento. A mais simples e evidente dessas formas é uma ponte de corda ou de corrente, que se deformará de modo a refletir a posição de qualquer força recebida. Outros exemplos mais tridimensionais incluem as tensoestruturas (coberturas formadas por tecidos à tração) e "gridshell" (coberturas formadas por grelhas ou malhas), as quais, quando colocadas sob tração também criam formas estáveis que podem ser manipuladas utilizando-se dupla curvatura para criação de arranjos mais interessantes e estáveis.

As estruturas pneumáticas são outros exemplos de estruturas cujas formas estão diretamente relacionadas com a força hidrostática aplicada a elas.

Os exemplos mais comuns, mas menos óbvios, de estruturas forma-ativas incluem os arcos. Pode-se considerar que um arco se comporta de maneira semelhante a uma corrente sob carregamento, com a diferença de que enquanto que os componentes da corrente estão sob tração pura, os componentes do arco estão sob compressão pura.

Em uma estrutura forma-ativa perfeitamente eficiente, os componentes são sujeitos apenas a esforços axiais puros (compressão ou tração). Se uma força concentrada é aplicada sobre a superfície de uma estrutura flexível forma-ativa, ocorrerão deformações. Até mesmo arcos rígidos desenvolverão flexão sob força concentrada (a menos que a força seja aplicada verticalmente no vértice do arco), o que reduz significativamente a sua eficiência estrutural.

1
O Olympiahalle, Parque Olímpico, Munique, Alemanha, 1972, uma tensoestrutura (ver páginas 158-61)

2
O Edifício Savill, um centro de visitantes no estilo "gridshell" no Windsor Great Park, Reino Unido, Glen Howells Arquitetos, Buro Happold & Robert Haskins Waters Engenheiros, 2006

3
Arcos na casa de Gaudi, Mila

4
Arcos do Jardim de Inverno Sheffield, Reino Unido, Pringle Richards Sharratt Arquitetos e Buro Happold

5
Tradicional arco de pedra de arqueduto romano, Segóvia, Espanha

6
Arco catenário de uma ponte suspensa de British Columbia, Canadá

59

Vetor-ativa

As formas estruturais 'vetor-ativa' fazem transferência de forças através de uma série de elementos rígidos interligados, que são pequenos em comparação ao comprimento do conjunto estrutural e, portanto, incapazes de desenvolver forças de flexão ou de cisalhamento significativos. A transferência da força aplicada externamente aos apoios é governada pelas direções e relação geométrica entre os elementos, o que originou o nome "vetor-ativa".

Uma simples treliça bidimensional é o exemplo mais comum de uma estrutura vetor-ativa. Exemplos mais complexos incluem treliças tridimensionais e domos esféricos ou semiesféricos. A eficiência da estrutura vetor-ativa depende individualmente dos elementos trabalhando apenas sob tração ou compressão, ao invés de em flexão. Para alcançar esse objetivo, as forças devem ser aplicadas nos pontos onde os elementos se conectam – conhecidos como nós. Na realidade, é geralmente impossível evitar a ocorrência de algum momento fletor em alguns elementos de uma treliça devido a cenários de carregamento acidental ou, no caso das pontes, devido ao carregamento advindo do tráfego no elemento (banzo) inferior. Sendo assim, os componentes individuais das estruturas vetor-ativa são frequentemente projetados com alguma capacidade resistente adicional.

1
Cape Fear Memorial, ponte treliçada, Wilmington, Estados Unidos

2
Lamella Dome do Palazzetto Dello Sport, Roma, Itália, Pier Luigi Nervi

3
Lamella Dome no Materials Park, South Russell, Ohio, EUA, John Terrence Kelly

4
Detalhe de uma treliça tridimensional

Superfície-ativa

As estruturas 'superfície-ativas' incluem as cúpulas de concreto ou de alvenaria, os edifícios compostos por painéis estruturais (celular buildings) e as cascas de concreto. São caracterizadas pelas superfícies rígidas, capazes de desenvolver tensões axiais (compressão e tensão) e de cisalhamento. Assim como ocorre com as estruturas forma-ativas, nas estruturas superfície-ativas as forças aplicadas são transferidas através da forma das estruturas e, por consequência, a forma está intrinsecamente ligada ao desempenho estrutural.

A eficiência de uma estrutura superfície-ativa depende da forma da superfície em relação às forças aplicadas a ela. Por exemplo, a eficiência de uma cúpula é marcada por sua altura em relação ao seu vão. Uma cúpula perfeitamente hemisférica é a forma estrutural mais eficiente em termos de material utilizado e volume encapsulado.

Novamente, assim como as estruturas forma-ativas, as superfície-ativas são pobres para suportar forças concentradas, que geram tensões locais de flexão.

Aberturas na superfície sob tensão ou outras descontinuidades também reduzem a eficiência estrutural do sistema.

Quando uma estrutura superfície-ativa é projetada unicamente para reagir às forças aplicadas a ela, pode ter uma forma estrutural extremamente eficiente. Por exemplo, o telhado de concreto armado do Smithfield Market, em Londres, forma um paraboloide elíptico que cobre uma área de 68,6 x 38.1 metros sem pilares e possui apenas 75 milímetros e espessura, com uma altura de 9,1 metros.

Em muitas construções, a estrutura de piso é concebida como um elemento estrutural superfície-ativo horizontal, conhecido como diafragma. É utilizado para transferir as forças laterais para elementos verticais rígidos do edifício, tais como paredes de cisalhamento e caixa de elevadores. Esse assunto é explicado com mais detalhes na seção 2.1.7.2.

1
Aquário de casca de concreto, Cidade das Artes e Ciências, Valência, Espanha, Santiago Calatrava e Félix Candela

2, 3
Vistas interna e externa do telhado de concreto armado do Smithfield Market, em Londres

Seção-ativa

As estruturas seção-ativas são as mais comuns e mais versáteis formas de estrutura no sistema de Engel. As estruturas seção-ativas dependem das características geométricas das seções de cada um dos elementos rígidos, tais como vigas e pilares, para suportar os carregamentos aplicados. Todos os edifícios que são construídos a partir de vigas, lajes e pilares – de galpões agrícolas até arranha-céus comerciais – podem ser descritos como seção-ativos. Em contraposição às estrutruras forma-ativas e vetor-ativas, os elementos de um sistema seção-ativo são projetados para resistir à flexão, cisalhamento e torção, assim como à tração e à compressão axiais.

A eficiência estrutural de uma estrutura seção-ativa depende das características geométricas da seção transversal dos elementos e de seus comprimentos.

1
Estrutura convencional de concreto estrutural

2
Estrutura convencional de aço

3
Estrutura convencional de madeira

2.1.7.2
Estabilidade

Qualquer edifício, independentemente de seu mecanismo particular de transferência de forças, pode estar sujeito a forças laterais, que são geradas pelo vento, por movimentos sísmicos, por imperfeições/desaprumos, falta de verticalidade dos pilares ou devido à real geometria do edifício em si. Em todos os casos, a estrutura deve ser concebida para ser capaz de transferir essas forças laterais para as fundações. Isso deve ser feito sem que se ultrapasse a capacidade resistente dos elementos estruturais e sem que o edifício sofra deformações laterais significativas.

O limite que uma estrutura pode sofrer de deformação decorrente de forças laterais varia de acordo com o uso que se faz do edifício e do material do qual ele é construído. Normalmente, os edifícios são projetados com um limite de deslocamento lateral igual ao valor da altura do edifício dividido por 300 sob as condições mais desfavoráveis de forças, tais como forças de vento com recorrência de 1 em 50 anos. Edifícios com vedações frágeis, como alvenaria ou com grandes painéis de vidro, são mais suscetíveis a danos e, portanto, são frequentemente limitados à altura total dividido por 500. Isso ocorre mais para evitar a ocorrência de danos aos elementos de vedação do que para evitar o desconforto do usuário do edifício, que será normalmente desprezável para esse nível de deslocamentos.

Existem vários métodos fundamentalmente diferentes pelos quais uma estrutura pode ser estabilizada. Os comuns são explicados nas seções a seguir.

Tolerância ao vento e às forças sísmicas

1 Forças decorrentes do vento induzindo deslocamento lateral da estrutura

2 Movimento sísmico do solo induzindo deslocamento lateral da estrutura

3 A geometria da estrutura induz deslocamento lateral da estrutura

i Perfil inicial da estrutura
ii Perfil deformado da estrutura

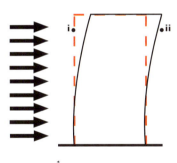
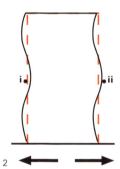
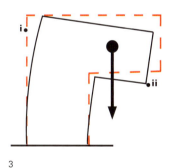

1 2 3

Estruturas formadas por pórticos com nós rígidos

As estruturas formadas por pórticos com nós rígidos são construídas a partir de uma série de pilares e vigas que formam pórticos sobre os quais são sustentadas as lajes e paredes. Eles são tipicamente construídos com aço, concreto armado ou madeira.

Nessas estruturas, as forças horizontais são suportadas por pórticos localizados em diversos pontos da estrutura. Em cada um desses pórticos, a ligação entre a viga e o pilar é concebida de forma a ser capaz de transferir o momento fletor e a força cortante, que são desenvolvidos pelas forças horizontais aplicadas (ver diagrama abaixo). Uma vez que essa ligação rígida a momento não sofrerá rotação, o pórtico permanecerá estável sob forças laterais. A única deformação lateral que pode ocorrer será devida à deformação dos pilares, que são projetados para limitar esse deslocamento em níveis aceitáveis. Se as ligações entre os pilares e as vigas do pórtico fossem projetadas com ligações rotuladas ao invés de rígidas (a momento), o pórtico não teria capacidade de suportar as forças laterais e formaria um mecanismo, que seria, por definição, instável.

Os pórticos com nós rígidos de um edifício de vários andares precisam se estender por toda a altura do edifício a fim de transferir as forças aplicadas para as fundações.

Quaisquer descontinuidades causadas por requisitos, tais como andares com pé-direito duplo ou remoção local de pilares, irão gerar pontos fracos e, assim, se tornarão necessários, nesses locais, elementos estruturais maiores e mais rígidos a fim de que se possa evitar exceder os limites admissíveis de deslocamentos.

As forças laterais, em especial do vento, podem ser aplicados em todas as direções e, assim, os as estruturas devem ser projetadas com pórticos orientados perpendicularmente um ao outro para resistir a todos os possíveis cenários de aplicação de forças.

As lajes que se apoiam nos pórtico desse tipo de estrutura (e em mais outros sistemas de estabilização) são frequentemente concebidas para atuar como diafragmas e distribuir as forças laterais para cada pórtico. Em diversos casos, a dimensão horizontal da laje provê suficiente rigidez para garantir que ela não falhe sob as forças laterais. Mesmo um piso de madeira pode ser considerado como um diafragma rígido se detalhado corretamente. A localização de grandes aberturas nas lajes deve ser cuidadosamente considerada para garantir que o diafragma não seja comprometido.

Pórtico com nós rígidos submetido a forças verticais e horizontais

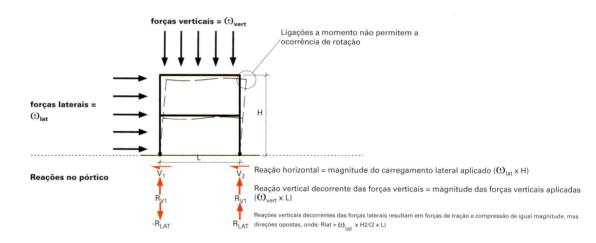

Mecanismo em pórtico articulado sob forças laterais

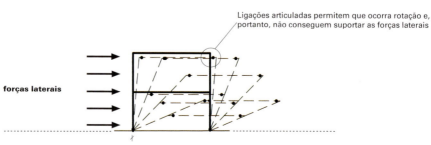

Pórtico com nós rígidos sob forças laterais

Pórtico com nós rígidos regular sob forças laterais

Estrutura deformada

Lateral load

Pórtico com nós rígidos com aumento de vão da laje no nível do 3° piso

Estrutura deformada

forças laterais

Ponto fraco em função do aumento do vão

Pórtico com nós rígidos com pé-direito duplo sob forças laterais

Estrutura deformada

forças laterais

Ponto fraco em função do andar de altura dupla

Laje atuando como diafragma

Pórtico com nós rígidos e laje rígida sob forças laterais

Estrutura deformada

Laje de piso com espessura suficiente para trabalhar como diafragma assegurando que permanecerá retangular sob forças laterais.

Pórtico com nós rígidos

Pórticos com nós rígidos localizados uniformemente ao longo do comprimento da estrutura proporcionando deformação lateral uniforme sob forças laterais

Forças laterais

Pórtico com nós rígidos com laje piso contendo aberturas significativas sob forças laterais

Estrutura deformada

Grandes aberturas nas lajes reduzem rigidez às forças laterais causando falha da laje

Pórtico com nós rígidos

Forças laterais

Estruturas contraventadas

As estruturas contraventadas, assim como as que contém pórticos com nós rígidos, são construídas a partir de uma série de vigas e pilares ligados por meio de uma laje de piso que age como diafragma. Ao contrário do que ocorre nos pórticos com nós rígidos, nos pórticos contraventados, a ligação viga-pilar é projetada como uma ligação rotulada e, portanto, ela não é capaz de resistir a forças laterais aplicadas. Ao invés disso, a estabilidade é fornecida por meio de outros elementos, tais como paredes de cisalhamento, núcleos rígidos ou pórticos contraventados localizadas estrategicamente ao longo do edifício. Esses elementos rígidos – como é o caso dos pórticos com nós rígidos – devem continuar por toda a altura do edifício.

Idealmente, a localização dos núcleos rígidos, contraventamentos e paredes de cisalhamento devem ser distribuídas uniformemente na edificação. Isso resultará em deslocamentos uniformemente distribuídos sob forças laterais. Se a parede de cisalhamento e os núcleos são distribuídos assimetricamente, a estrutura pode estar sujeita a torção sob carregamentos laterais.

Projetar uma estrutura contraventada pode ter as seguintes vantagens em comparação a uma estrutura com pórticos com nós rígidos:

- Redução de custos de ligações entre pilares e vigas;
- Tamanho e peso reduzidos das vigas e pilares, uma vez que eles não precisam resistir às forças laterais;
- A menor complexidade das ligações entre pilares e vigas torna mais fácil a fabricação.

As plantas de um edifício com pórticos com nós rígidos, não sendo limitadas pela necessidade de inclusão núcleos ou paredes de cisalhamento, podem, acomodar leiautes mais abertos do que as estruturas contraventadas.

Fatores como a altura total de um edifício, a altura de cada um dos andares e o vão entre os pilares têm um efeito significativo na rigidez da estrutura. Conforme diminui a rigidez da estrutura, o tamanho dos pilares e vigas deve aumentar para satisfazer as limitações de deslocamentos. Esses fatores influenciam significativamente a eficiência dos pórticos com nós rígidos e contraventados e podem determinar qual é a opção mais adequada.

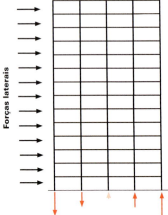

Pórtico com nós rígidos sob forças laterais

Momento fletor devido às forças laterais induz forças de tração vertical e de compressão nas bases do pórtico

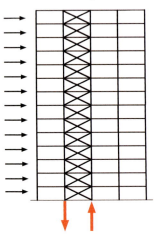

Pórtico contraventado com travamentos em "V" sob forças laterais

Momento fletor devido às forças laterais induz forças de tração vertical e compressão na base da região contraventada, os pilares adjacentes suportam apenas a forças carregamentos verticais

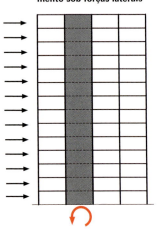

Pórtico contraventado com parede de cisalhamento sob forças laterais

Momento fletor devido às forças laterais induz forças de tração vertical e compressão na base da parede de cisalhamento, os pilares adjacentes suportam apenas a forças carregamentos verticais

Planta de uma estrutura contraventada com elementos de estabilização simétrica

i Centro geométrico da planta do edifício
ii Núcleos estruturais
iii Paredes de cisalhamento
iv Bordas do edifício
v Deslocamento sob forças laterais

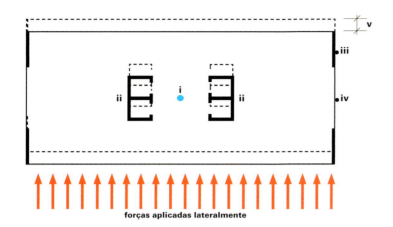

Planta de estrutura contraventada com elementos assimétricos de estabilização. Arranjos assimétricos dos núcleos causam torção do edifício sob forças laterais

i Centro geométrico da planta do edifício
ii Núcleos estruturais
iii Paredes de cisalhamento
iv Bordas do edifício
v Deslocamento sob forças laterais

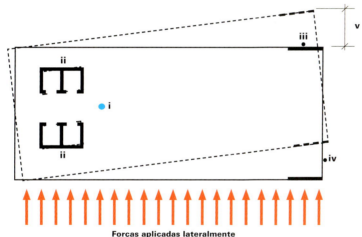

Diafragma de concreto com um núcleo estrutural: The Shard em construção, Londres, Renzo Piano Building Workshop

Estruturas celulares

Edifícios fabricados a partir de uma série de paredes sólidas e lajes podem ser descritos como estruturas celulares. O exemplo mais comum desse tipo de construção é uma casa de alvenaria típica com tijolos, paredes de blocos e um piso com viga e assoalho de madeira. Outros exemplos de estruturas celulares comuns incluem estruturas de madeira construídas in situ, e edifícios de concreto pré-moldado e aço pré-fabricado.

A estabilidade de uma estrutura celular é fornecida pelas paredes que funcionam como painéis rígidos superfície-ativos transferindo forças horizontais para as fundações. As paredes são significativamente mais rígidas no seu eixo longitudinal do que no seu eixo transversal, pois a rigidez está relacionada ao cubo da altura de um elemento (ver seção 2.1.5.1). Assim, as paredes de uma estrutura celular devem ser previstas em ambas as direções perpendiculares para assegurar que a estrutura seja capaz de resistir às forças horizontais de vento que podem ser aplicadas em todas as direções.

Assim como acontece nas estruturas com pórticos com nós rígidos, as lajes em uma estrutura celular precisam agir como diafragmas para transferir as forças laterais para as paredes rígidas orientadas paralelamente à força aplicada. As grandes aberturas para as escadas devem ter localização estratégica para assegurar que a laje do pavimento permaneça rígida o suficiente para distribuir as forças de maneira eficaz e para evitar a distorção do edifício sob carregamento lateral.

As lajes e as paredes também devem ser projetadas para suportar os carregamentos verticais aplicados pelo peso do próprio prédio e de seus ocupantes. Conforme mencionado anteriormente, esse é um exemplo em que um elemento estrutural é projetado com dois mecanismos distintos de transferência de forças: superfície-ativa para transferir os carregamentos horizontais e seção-ativa para suportar os carregamentos verticais.

Em resumo, para os sistemas celulares serem eficazes, as seguintes condições devem ser alcançadas:

i) Painéis de parede estrutural são verticalmente contínuos através da altura do edifício, proporcionando assim um caminho direto para as forças em direção às fundações e evitando estruturas de transferência.
ii) As lajes devem ser capazes de atuar como um diafragma. As vigas de madeira em particular necessitam de travamentos e eficaz fixação ao assoalho.
iii) Orifícios no chão devem ser localizados para permitir conectividade suficiente entre a laje e as paredes de estabilização.
iv) A laje deve ser eficientemente conectada às paredes de estabilização para permitir que as forças de cisalhamentos sejam adequadamente transferidas.

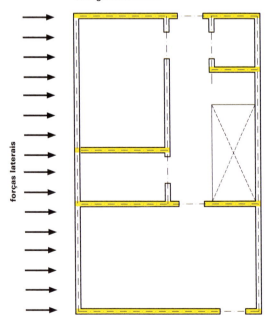
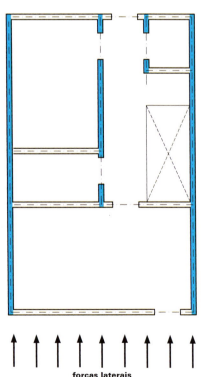

Planta de um edifício celular típico – as paredes coloridas indicam os elementos que oferecem eficaz estabilidade lateral sob cada condição de carregamento lateral

Estruturas inerentemente resistentes às forças laterais

Certas estruturas são inerentemente estáveis devido à sua forma. Isso inclui muitas formas e superfície-ativas, tais como cúpulas, grelhas, cabos e tensoestruturas. Todos esses podem ser concebidos para suportar as forças laterais sem a necessidade de elementos estabilizantes adicionais. A estabilidade do sistema de cúpulas e as tensoestruturas são examinadas nos trechos a seguir:

Tensoestrutura

T = tração
C = compressão

Domo

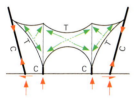

Diagrama de forças somente sob o peso próprio.

O tecido é esticado contra uma estrutura de aço em forma tridimensional e de dupla curvatura, a qual induz forças de tração no tecido e forças de compressão no elemento de aço.

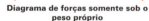

Diagrama de forças somente sob o peso próprio

O carregamento vertical induz força horizontal através da estrutura em arco. O valor dessa força horizontal depende do peso e do perfil da cúpula (domo).

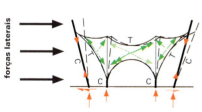

Diagrama de forças sob o peso próprio e sob forças laterais

Sob forças laterais, a tração no tecido aumenta em uma direção conforme as forças laterais são transferidas através dele para a estrutura de aço.

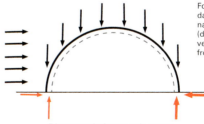

Diagrama de forças sob o peso próprio e sob forças laterais

Forças laterais induzem aumento das reações verticais e horizontais na face oposta ao vento na cúpula (domo) e à redução das reações verticais e horizontais na face de frente para o vento.

Estruturas tais como iglus, 1, hangares de dirigíveis, 2, e as tensoestruturas, por exemplo, a Cúpula Millenium de Londres, 3, podem resistir às forças laterais sem estabilizadores adicionais

2.1.7.3
Torres

Conforme aumenta a altura dos edifícios, a estabilidade estrutural torna-se cada vez mais difícil de ser alcançada devido à redução relativa na proporção entre altura e largura. Quando uma estrutura se aproxima de 30 andares ou, cerca de 120 metros de altura, são necessários sistemas mais complexos para a estabilização da edificação a fim de suportar as forças laterais. Esses sistemas diferentes podem ser separados em dois grupos distintos:
- **Estruturas interiores**
- **Estruturas exteriores**

As estruturas interiores são assim chamadas em função de seu sistema de estabilidade ser essencialmente localizado no interior de um edifício por meio dos núcleos ou paredes de cisalhamento. As estruturas exteriores, por outro lado, usam a fachada do edifício para formar um tubo rígido para fornecer estabilidade.

Exemplos de cada um dos subgrupos dessas tipologias, juntamente com as faixas sobre as quais eles são eficientes, são fornecidos nas tabelas seguintes.

Torres – Estruturas interiores

Tipo	Descrição	Número eficiente de andares aproximado	Edifício exemplo		
Pórtico com nós rígidos ou contraventados	Núcleos estruturais, paredes de cisalhamento ou ligações rígidas viga-pilar fornecendo estabilidade lateral	> 30	One Canada Square, Londres, 50 andares, 235 metros de altura		
Sistema mistos de contraventamentos (*outrigger construction*)	Os núcleos fornecem estabilidade, com rigidez adicional oferecida por meio das "treliças que cintam a estrutura (belt trusses)" espaçadas em intervalos regulares de andares, que estão ligadas aos "outriggers". Esse arranjo aumenta o braço de alavanca sobre o qual as forças laterais são distribuídas	> 100	Taipei 101, Taiwan, 101 andares, 509 metros de altura		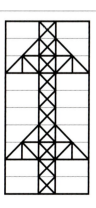

2	2.1	2.1.7	**2.1.7.3**
Teoria	Teoria geral das estruturas	Estruturas	**Torres**

Torres – Estruturas exteriores

Tipo	Descrição	Número eficiente de andares aproxima-do	Edifício exemplo		
Tubo aporticado	Uma série de pilares pouco espaçados são conectadas às fundações por ligações engastadas, o que lhes permite agir como um grande núcleo externo único. Isso tem uma largura muito maior do que um núcleo interno, tornando-o mais eficiente	100+	Aon Center, Chicago, 83 andares, 346 metros de altura		
Tubo contraven-tado	Um sistema similar ao de tubo aporticado, mas o núcleo rígido externo é formado por treliça de contraventamento ao invés de pilares pouco espaçados	100+	John Hancock Center, Chicago, 100 andares, 344 metros de altura		
Conjunto de tubos	Um série de tubos aporticados ligados entre si aumentando a capacidade resistente do conjunto Conforme aumenta a altura da construção, alguns tubos são interrompidos	100+	Willis (ex-Sears) Tower, Chicago, 108 andares, 442 metros de altura		
Grelha diagonal	Usa uma grelha diagonal ao invés de uma treliça contraventada para formar o tubo rígido de fachada	< 100	Swiss Re Tower, Londres, 41 andares, 181 metros de altura		

2.2
Sistemas Estruturais

2.2.1
Introdução

Esta seção analisa os materiais estruturais mais comuns utilizados na construção civil: aço, concreto armado e madeira.
A seção 2.2.2 descreve as características de cada material conforme uma série de critérios que ajudam a determinar o mais adequado para tipos específicos de edifício.
A seção 2.2.3 fornece dados gerais de elementos estruturais, incluindo regras básicas e faixas de vãos mais econômicos.

2.2.2
Avaliação de materiais estruturais

Avaliação de construções com aço estrutural

Uso comum no Reino Unido	Todos os setores, especialmente em edifícios altos	
Desempenho estrutural	A resistência inerente ao aço permite ele seja projetado de forma eficiente para grandes vãos. Isso permite que os edifícios tenham pavimentos mais amplos, com menos pilares	
Peso	Em geral, edifícios com estruturas de aço pesam menos do que edifícios com estruturas de concreto e, portanto, exercem forças menores sobre suas fundações	
Deformação	A deformação, em contraposição às vantagens de capacidade resistente, é, muitas vezes, um critério crítico para a concepção de vigas de aço – particularmente vigas de grandes vãos. Isso pode ser limitado por contra-flecha de até dois	terços do peso próprio aplicado na viga de aço
Vibração	Por serem frequentemente leves e terem vãos relativamente longos, as vigas de aço podem ser suscetíveis a vibrações adversas durante o uso. Isso deve ser identificado e impedido no estágio de projeto por meio da redução do vão, do aumento das forças	permanentes ou do enrijecimento do sistema
Proteção contra incêndio	O aço praticamente não possui uma inerente resistência ao fogo e normalmente requer medidas adicionais, tais como revestimentos com material contra fogo, projetados ou pintados diretamente na sua superfície, ou placas resistentes ao fogo,	para alcançar a proteção necessária contra incêndio
Tempo de construção	As estruturas de aço podem ser construídas muito rapidamente se comparadas às de concreto, reduzindo o tempo de obra. No entanto, a implantação de complementos tais como revestimentos e proteção contra incêndio podem reduzir essa suposta vantagem	
Sustentabilidade	A comparação do desempenho ambiental entre um edifício com estruturas de aço e outro de concreto está sujeita a muitas variáveis e deve ser analisada observando-se cada caso específico	
Custo	O custo de uma estrutura de aço é, geralmente, relacionado ao peso do aço utilizado	
Flexibilidade	As estruturas de aço podem ser reforçadas ou adaptadas de modo relativamente fácil após a construção	

Avaliação de construções de concreto armado

Uso comum no Reino Unido	Todos os setores	
Desempenho estrutural	O concreto armado pode ser projetado para vencer vãos grandes ou pequenos, dependendo da altura e quantidade de armaduras de aço utilizadas. O concreto protendido pode ser utilizado para aumentar de modo eficiente os vãos a serem vencidos	
Peso	Em geral, edifícios com estruturas de concreto pesam mais do que as com aço, portanto exercem forças maiores em suas fundações	
Deformação	A deformação de elementos de concreto normalmente depende da altura da viga em relação ao seu vão. Podem ser usadas contra-flechas das formas para reduzir as deformações decorrentes das forças permanentes	
Vibração	A natureza pesada das estruturas de concreto de grandes vãos reduz o risco de problemas devido à vibração. No entanto, isso ainda deve ser analisado na fase de projeto	
Proteção contra incêndio	O concreto possui excelente proteção inerente contra incêndio, alcançada por meio do cobrimento das barras de aço. O cobrimento pode ser aumentado para que se alcance uma maior proteção contra incêndio, conforme necessário	
Tempo de construção	As estruturas de concreto in situ demoram mais para serem construídas do que as produzidas com aço. Estruturas pré-moldadas de concreto podem ser construídas em tempo semelhante às de aço. Os programas de obras em geral podem ser reduzidos se	forem utilizados concreto aparente, uma vez que deixariam de ser necessários os trâmites posteriores para instalação de forros falsos e alguns revestimentos
Sustentabilidade	A comparação do desempenho ambiental entre um edifício com estruturas de concreto e outro com aço está sujeita a muitas variáveis e deve ser analisada observando-se cada caso específico. A massa térmica própria de uma estrutura de concreto pode	ser usada na estratégia ambiental de um edifício; a estratégia de projeto para resfriamento/aquecimento deve ser desenvolvida de forma a utilizá-la para atingir o máximo benefício
Custo	O custo de uma estrutura de concreto depende geralmente do volume de concreto, de sua composição, da quantidade de armaduras de aço e do tipo de forma	
Flexibilidade	O concreto in situ é lançado e pode assim tomar qualquer forma, mais facilmente do que outros materiais. Estruturas de concreto existentes, de modo geral, são mais difíceis de serem adaptadas do que as de aço, uma vez que a armadura não é visível e, portanto,	qualquer reformulação pós-construção depende da existência e precisão do projeto ou de análises intrusivas. O concreto protendido é ainda mais complicado devido à necessidade de se evitar a ocorrência de danos aos cabos de protensão

2	2.2	**2.2.2**
Teoria	Sistemas estruturais	**Avaliação de materiais**
		estruturais

Avaliação de construções de madeira

Uso comum no Reino Unido	Residencial, escolas. Tipicamente construções baixas (até 5 andares)
Desempenho estrutural	As estruturas de madeira normalmente são projetadas para vãos menores do que as de concreto ou aço. As madeiras laminadas coladas e madeiras microlaminadas coladas são os produtos que têm sido desenvolvidos para aumentar o desempenho estrutural da madeira. O tipo de madeira tem uma grande influência sobre a sua capacidade de suportar carregamentos
Peso	A natureza leve da madeira a torna um excelente material para estruturas de telhado de longos vãos sob carregamentos leves ou para passarelas
Deformação	Assim como ocorre com outros materiais, a deformação está relacionada com a altura da seção
Vibração	Levando-se em consideração que a madeira é usada principalmente para vãos menores se comparados aos outros materiais estruturais, a vibração, na maioria das vezes, não chega a ser um direcionador crítico do projeto
Proteção contra incêndio	Requer significativa proteção contra incêndio
Tempo de construção	Estruturas pré-fabricadas de madeira com isolamento pré-aplicado podem facilitar para que o programa de obra seja cumprido rapidamente
Sustentabilidade	É indiscutivelmente o único material de construção verdadeiramente renovável, se adquirido de forma responsável. O desempenho ambiental global da estrutura de madeira ainda está sujeito a muitos fatores e deve ser analisado com base em cada caso específico
Custo	Geralmente é um material de baixo custo, mas a seleção de conexões (mecânica) pode ter efeito significativo sobre o custo
Flexibilidade	Altamente flexível e adaptável

2.2.3
Componentes estruturais

Como ocorre com qualquer regra básica, as informações fornecidas nesta seção são de natureza geral, mas suficientemente precisas para proporcionar um sentimento básico das dimensões das seção necessárias à fase inicial do projeto. Conforme o projeto for avançando, devem sempre ser comprovados por cálculos detalhados.

As informações desta seção estão divididas de forma a cobrir os elementos estruturais – vigas, lajes e pilares – e, então, subdivididas de acordo com os diversos materiais habitualmente utilizados para esses elementos.

2.2.3.1
Sistemas de vigas

Características das vigas de aço

A razão de aspecto entre vigas primárias e secundárias pode afetar significativamente o limite de carregamento do sistema e, assim, afetará o desempenho das vigas. As regras gerais apresentadas nesta tabela assumem que a razão de aspecto é de aproximadamente 1:3.

	Tipo de viga	Comentários		Faixa típica de vãos	Razão típica vão/altura
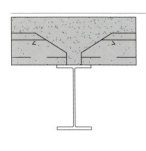	Viga laminada de aço	1 Comumente utilizada com concreto pré-moldado, lajes mistas (de aço e de concreto) ou piso de madeira. 2 As utilidades passam por cima ou por baixo da viga estrutural 3 Cantoneiras podem ser usadas com painéis pré-moldados para reduzir a altura do piso		Vigas secundárias, 10 – 15 m Vigas primárias, 6 – 10 m	15:1
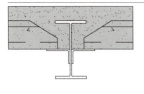	Vigas de aço com lajes pré-moldadas preenchidas com concreto estrutural	1 Comumente utilizada com concreto pré-moldado, lajes mistas ou piso de madeira 2 As utilidades passam por cima ou por baixo da viga estrutural 3 Cantoneiras podem ser usadas com painéis pré-moldados para reduzir a altura do piso		Vigas secundárias, 10 – 15 m Vigas primárias, 6 – 10 m	15:1
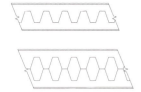	Vigas de aço com lajes pré-moldadas apoiadas em cantoneiras	1 Comumente utilizada com concreto pré-moldado, lajes mistas ou piso de madeira 2 As utilidades passam por cima ou por baixo da viga estrutural 3 Cantoneiras podem ser usadas com painéis pré-moldados para reduzir a altura do piso		Vigas secundárias, 10 – 15 m Vigas primárias, 6 – 10 m	15:1
	Viga castelada	1 Comumente utilizada com concreto pré-moldado ou lajes mistas 2 Os acastelamentos são formados pelos cortes da alma de perfis laminados de tal modo que quando a parte superior é levantada e movida lateralmente, um octógono é formado na alma entre as partes superior e inferior. A alma é então ressoldada, criando-se uma seção mais alta 3 As utilidades podem ser projetados para passar através das aberturas octogonais	4 Nos apoios e nos pontos de altos de carregamento, os furos octogonais são frequentemente preenchidos com uma placa de aço para aumentar a capacidade resistente ao cisalhamento 5 Os furos medem tipicamente 0,6 x D em largura e 0,75 x D de centro a centro, onde D é a altura da viga castelada	14 – 17 m	18:1
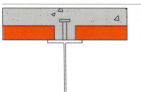	Viga mista laminada de aço com laje mista	1 Geralmente utilizada com placas de concreto pré-moldado ou lajes mistas 2 Conectores de cisalhamento soldados à mesa superior do perfil de aço transferem o cisalhamento horizontal entre o aço e o concreto, permitindo que o concreto e o aço atuem como um sistema misto, efetivamente formando uma mesa superior mais larga para a viga de aço		Vigas secundárias, 10 – 18 m Vigas primárias, 7 – 11 m	20:1

Propriedades de vigas de aço

A razão de aspecto entre vigas primárias e secundárias pode afetar significativamente o limite de carregamento do sistema e, assim, afetará o desempenho das vigas. As regras gerais apresentadas nesta tabela assumem que a razão de aspecto é de aproximadamente 1:3.

Tipo de viga	Comentários		Faixa típica de vãos	Razão típica vão/altura
Viga de aço assimétrica	**1** Geralmente utilizada com placas de concreto pré-moldado ou lajes mistas **2** A mesa inferior mais larga permite que a laje (pré-moldada ou mista) seja construída dentro da altura da viga de aço, reduzindo assim a altura global da construção **3** Estas seções são geralmente mais caras do que as das vigas padronizadas simétricas, mas podem proporcionar significativa economia na altura do piso		5 – 9 m	25:1 Apenas a altura da viga
Viga mista soldada de aço com laje mista	**1** Usada quando as vigas laminadas padronizadas são inapropriadas devido à capacidade resistente ou limitação altura da construção **2** Fabricada por meio de soldas entre chapas de aço **3** Usada particularmente para alcançar longos vãos com baixas alturas de construção **4** Normalmente usada com painéis de concreto pré-moldado ou lajes mistas	**5** Orifícios celulares são frequentemente cortados em vigas soldadas para reduzir peso e permitir que as utilidades possam passar através da viga, reduzindo, desse modo, a altura geral da construção	10 – 18 m	22:1 Apenas altura da viga
Treliça de aço	**1** Utilizadas para telhados de vãos longos e pisos sob grande carregamento **2** Pode ser projetada como treliças mistas de aço e concreto ou não mistas **3** Todas as conexões são rotuladas **4** Existem muitas formas diferentes de treliça que têm sido projetadas pelo mundo, principalmente na construção de pontes. Tais como: Allan; Bailey; Bollman; Arco	Bowstring; Brown; Arco Burr; Treliça em balanço; Treliça Fink; Treliça Howe; Treliça King-post; Treliça Queen-post; Treliça K; Warren	15 – 90 m	10:1 Pode variar consideravelmente
Viga Vierendeel	**1** Uma treliça sem as diagonais internas; todas as conexões são à momento **2** Estruturalmente menos eficiente do que as treliças com elementos diagonais. No entanto, a não existência de elementos diagonais permite passagem livre para utilidades ou usuários da edificação		15 – 45 m	10:1
Arco treliçado de aço	**1** Comumente utilizada como estruturas de telhado de grandes vãos, tais como estações de trem ou pontes **2** Os arcos requerem apoios laterais para suportar as forças geradas pela estrutura em arco. Isso pode ser alcançado por meio dos apoios laterais ou ligando os apoios por meio de um tirante		De 25 m ou mais Estação St. Pancras, Londres, vão de 73 m. Pontes de arco treliçado podem atingir mais de 500 m de vão	5:1

2 Teoria	2.2 Sistemas estruturais	2.2.3 Componentes estruturais	**2.2.3.1** **Sistemas de vigas**

Propriedades de vigas de aço

A razão de aspecto entre vigas primárias e secundárias pode afetar significativamente o limite de carregamento do sistema e, assim, afetará o desempenho das vigas. As regras gerais apresentadas nesta tabela assumem que a razão de aspecto é de aproximadamente 1:3.

	Tipo de viga	Comentários	Faixa típica de vãos	Razão típica vão/altura
	Arco de aço atirantado da Ponte Sydney Harbour	**1** Comumente utilizada como estruturas de telhado de grandes vãos, tais como estações de trem ou pontes **2** Os arcos requerem apoios laterais para suportar as forças geradas pela estrutura em arco. Isso pode ser alcançado por meio dos apoios laterais ou ligando os apoios por meio de um tirante	De 25 metros ou mais	5:1
	Estrutura tridimensional de aço Cúpula Montreal Expo	**1** Normalmente utilizada para estruturas leves de telhado com grandes vãos **2** As estruturas se estendem em várias direções, ao contrário do que ocorre com estruturas treliçadas unidirecionais, tornando a estrutura extremamente eficiente **2** Todas as conexões são rotuladas	5 – 60 m, mas pode chegar até 150 m	22:1
	Cúpulas de aço (geodésica) Projeto Eden	**1** Utilizada tipicamente para estruturas leves de telhado com grandes vãos em estádios ou espaços teatrais **2** Estruturalmente semelhante ao exemplo anterior, mas é curvada em apenas duas direções. Diversas variações de cúpulas têm sido desenvolvidas, incluindo a Cúpula Schwedler, a lamelar, a de malha e a geodésica **3** Todas as conexões são rotuladas	Até 85 m	22:1
	Cúpulas de aço (lamelas) Lousiana Superdome	**1** Utilizada tipicamente para estruturas leves de telhado com grandes vãos em estádios ou espaços teatrais **2** Estruturalmente semelhante à estrutura tridimensional, mas é curvada em apenas duas direções. Diversas variações de cúpulas têm sido desenvolvidas, incluindo a Cúpula Schwedler, a lamelar, a de malha e a geodésica **3** Todas as conexões são rotuladas	Até 85 m	22:1
	Pórtico de aço	**1** Normalmente utilizadas para estruturas térreas de grande vão, tais como armazéns e galpões agrícolas, onde mísulas apresentam pouco impacto no teto ou nas utilidades **2** Os pórticos de aço contabilizam aproximadamente 50 por cento do uso de aço estrutural no Reino Unido	20 – 60 m	N/A A extensão depende do tamanho das mísulas

Propriedades das vigas de concreto

Tipo de viga	Comentários		Faixa típica de vãos	Razão típica vão/altura
Viga de concreto armado	**1** Geralmente utilizada com lajes de concreto in situ. Ver seção 2.2.3.2 para detalhes dos arranjos possíveis para lajes **2** Nas fases iniciais de projeto, pode-se assumir a largura da viga como: altura/2.5 **3** As vigas podem ser projetadas como retangulares (usual), ou como vigas Tê, se a laje de cada lado da viga for contínua por todo o comprimento da viga **4** As utilidades geralmente passam por cima ou por baixo das vigas de concreto	**5** É feita uma diferenciação para estruturas de concreto, se as vigas são contínuas ou simplesmente apoiadas. (Ver seção 2.1.7.2 "Pórticos com nós rígidos" para uma descrição das ligações contínuas ou a momento). Frequentemente, nos espaços de vãos múltiplos é comum que as vigas sejam contínuas, enquanto que em espaços de vão único é provável que as vigas sejam simplesmente apoiadas	6 – 10 m	Viga contínua – 26:1 Viga com apoio simples – 20:1 Viga em balanço – 7:1
Viga de concreto protendido	**1** Protensão é um processo especializado de construção, envolvendo uma série de cabos de aço de alta resistência colocados dentro de uma viga de concreto, sofrendo tração conforme a viga de concreto começa o processo de cura. Devido a uma curva predeterminada nos cabos, essa tração induz uma força de compressão na região inferior da viga e a uma força de tração na região superior. Essas tensões de compressão e de tração pré-induzidas compensam parte das tensões induzidas à viga conforme ela recebe carregamento	**2** Vigas de concreto protendido podem se estender por vãos maiores do que as tradicionais vigas de concreto armado **3** As alturas das lajes são reduzidas, acarretando em menos material e, portanto, em menos carregamento em decorrência do próprio peso **4** As vigas de concreto protendido são geralmente utilizadas em conjunto com as lajes de concreto protendidas, sendo que a largura das vigas mede aproximadamente: vão/5	6 – 15 m	22:1
Viga pré-moldada protendida de concreto	**1** As Vigas pré-moldadas protendidas de pequena altura (150 – 225 mm de altura) em conjunto com blocos de enchimento são frequentemente utilizadas na construção de pisos residenciais **2** Estruturas completas pré-moldadas são tipicamente utilizadas em empreendimentos comerciais, onde é necessária rapidez na construção **3** As Vigas pré-moldadas protendidas mais altas (750 – 2.000 mm de altura) são geralmente utilizadas na construção de pontes, onde é necessária rapidez na construção	**4** As conexões entre vigas pré-moldadas e pilares de apoio exigem detalhamento cuidadoso	Vigas pré-moldadas protendidas de piso: 4 – 6 m Vigas pré-moldadas protendidas em estruturas: 5 – 11 m Vigas pré-moldadas protendidas de ponte: 10 – 50 m	22:1 A altura do elemento é frequentemente influenciada pelo detalhamento

2	2.2	2.2.3	**2.2.3.1**
Teoria	Sistemas estruturais	Componentes estruturais	**Sistemas de vigas**

Propriedades das vigas de madeira

Tipo de viga	Comentários		Faixa típica de vãos	Razão típica vão/altura
Vigas de madeira serrada	**1** Geralmente utilizada em edificações comerciais leves e residenciais **2** Resistência sujeita ao tipo de madeira **3** Requer proteção contra incêndio, usualmente fornecida por meio de forro de gesso	**4** Quando adquirida de maneira correta, é o mais sustentável dos materiais estruturais **5** Podem ser obtidas seções maiores de até 300 mm x 300 mm, conhecidas como vigas Bressemer. A razão entre vão e altura relaciona-se com vigas típicas medindo até 300 mm de altura por 50 milímetros de largura	3 – 6 m	20:1 Depende do tipo de madeira, largura e o espaçamento entre vigas. Depende do tipo de madeira, largura e o espaçamento entre vigas

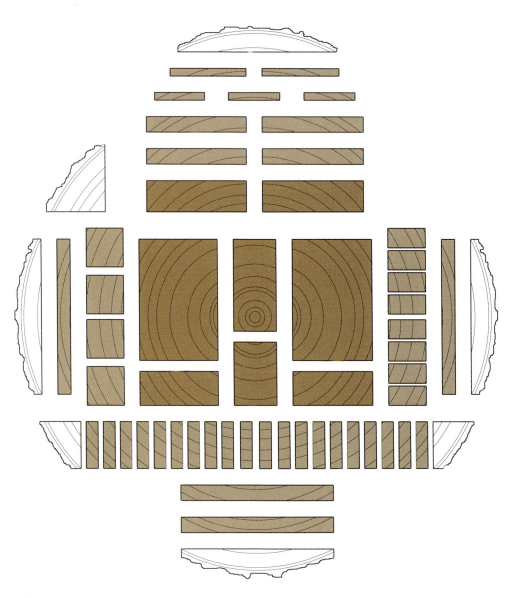

Cortes estruturais típicos da madeira de seção transversal de uma árvore

82

Características de produtos de madeira desenvolvidos pela engenharia

Os produtos de madeira desenvolvidos pela engenharia incluem vigas laminadas coladas, madeira micro-laminada (Laminated Veneer Lumber) e madeira laminada Strand Lumber (LSL).

Cada um desses produtos é fabricado a partir de camadas de madeira serrada, coladas umas às outras para formar a viga. Esse processo aumenta a homogeneidade do produto final, uma vez que todas as imperfeições contidas no interior da madeira serrada, como nós, por exemplo, ficam distribuídas ao longo da viga ao invés de concentradas em determinadas posições. Desse modo, há um aumento da resistência do elemento. O processo de fabricação também reduz a tendência dos elementos à deformação, torção ou encurvamento. Os produtos de madeira desenvolvidos pela engenharia podem ser fabricados para diversas variedades de tamanhos e comprimentos de seção.

	Tipo de viga	Comentários		Faixa típica de vãos	Razão típica vão/altura
	Vigas laminadas coladas (MLC)	1 Normalmente utilizada em telhados leves de madeira (expostos, na maioria das vezes) ou estruturas leves para fins comerciais 2 Podem ser fabricadas em comprimentos significativamente mais longos do que usando a madeira serrada padrão 3 A resistência depende do tipo de madeira utilizado e do número de laminações e é informada pelo fabricante		Vigas de telhado: 6 – 20 m para seções de tamanho padrão Para tamanhos fora do padrão esse número pode aumentar <50 m Vigas de piso: 4 – 14 m para seções de tamanho padrão	20:1
	Madeira microlaminada Veneer Lumber (LVL) e Madeira laminada Strand Lumber (LSL)	1 Fabricada em painéis medindo aproximadamente 16,5 m x 2,95 m e até 300 mm de espessura. Pode ser usada como viga simples, de modo semelhante à MLC, mas é mais comumente utilizada em forma de painéis para criar as formas estruturais do edifício 2 Uso geralmente residencial, escolas ou em estruturas leves para fins comerciais 3 Podem ser fabricadas em comprimentos significativamente mais longos do que usando a madeira serrada padrão	4 A resistência depende do tipo de madeira utilizado e do número de laminações e é informada pelo fabricante 5 As razões vão/altura são similares às da MLC	Similar à da MLC	20:1
	Seções I de madeira	1 Fabricadas tanto com madeira serrada, quanto com mesas de madeira microlaminada Veneer Lumber (LVL) e alma de madeira compensada ou OSB (Oriented Strand Board) 2 Normalmente utilizadas em residências ou em estruturas leves para fins comerciais 3 Podem ser fabricadas em comprimentos significativamente mais longos do que se usando a madeira serrada 4 A resistência depende do tipo de madeira utilizado e do número de laminações e é informada pelo fabricante	5 As razões vão/altura são similares às da madeira serrada	3 – 6 m	20:1 Depende do tipo de madeira, largura e o espaçamento entre vigas.

2.2.3.2
Sistemas de lajes de concreto

Características dos sistemas de laje de concreto

Tipo de viga	Comentários		Faixa típica de vãos	Razão típica vão/altura
Laje plana	**1** As lajes planas não contêm vigas que as sustentem, proporcionando um teto plano contínuo. Elas são empregadas em muitas situações, particularmente em ambientes comerciais **2** Os tetos planos permitem fácil integração das utilidades, uma vez que não há nenhuma necessidade de desvio de canos e dutos sob as vigas de sustentação	**3** Os tetos planos permitem detalhamento simples das formas e armaduras, tornando-o mais fácil e rápido de construir do que outras formas de construção de laje de concreto **4** O peso próprio de uma laje plana pode ser reduzido pela inserção de vazios no interior da laje. Esses espaços vazios têm impacto insignificante sobre a capacidade estrutural do elemento	6 – 10 m	Lajes de múltiplos vãos – 26:1
Viga e laje (armada em uma só direção)	**1** Viga e laje é uma forma tradicional de laje de concreto armado e inclui lajes armadas em uma ou em duas direções **2** As vigas reduzem a deformação do sistema em comparação à laje plana		5 – 10 m	Lajes de múltiplos vãos – 28:1 Lajes de vão único – 24:1
Viga e laje (armada em duas direções)	**1** Para vãos maiores, é mais eficiente do que as anteriores **2** Requer mais formas para construir as vigas em ambos os sentidos		7 – 12 m	Lajes de múltiplos vãos – 35:1 Lajes de vão único – 32:1
Laje nervurada birecional	**1** A laje nervurada é uma solução leve de concreto armado **2** As lajes nervuradas se estendem em duas direções. Sendo assim, a relação entre os vãos nas direções x e y afetam a eficiência da laje. Um vão quadrado geralmente oferece a máxima eficiência **3** Elas podem ser deixadas expostas omitindo-se, portanto, a necessidade de forros falsos. Isso requer que o acabamento de	concreto seja de uma melhor qualidade do que o usual **4** As formas são normalmente mais caras do que as formas para concreto armado tradicional e eventuais consertos das armaduras são mais complicados	6 – 11 m	Lajes de múltiplos vãos – 22:1 Lajes de vão único – 21:1
Laje nervurada unidirecional	**1** Solução leve de laje de concreto armado para grandes vãos **2** Elas podem ser deixados expostas, omitindo-se, portanto, a necessidade de forros falsos. Isso requer que o acabamento de concreto seja de uma melhor qualidade do que o usual **3** As formas são normalmente mais caras do que as formas para concreto armado tradicional e	eventuais consertos das armaduras são mais complicados	6 – 11 m	Lajes de múltiplos vãos – 22:1 Lajes de vão único – 20:1

Propriedades de lajes de concreto armado protendido

Os principais aspectos conceituais da concepção de projeto do concreto protendido estão listados a seguir:

A protensão é um processo especializado de construção, conforme descrito anteriormente na seção de vigas de concreto armado protendido.

Lajes de concreto protendido podem abranger vãos mais longos que as tradicionais lajes de concreto armado.

As alturas da laje são reduzidas, levando a um menor consumo de material e, consequentemente, um menor peso próprio.

As lajes protendidas limitam a flexibilidade de ser possível abrir furos pós-construção no piso devido ao risco de se cortar os cabos de protensão.

Tipo de viga	Comentários		Faixa típica de vãos	Razão típica entre extensão e profundidade
Laje protendida plana	**1** As lajes planas não contêm vigas que as sustentem, proporcionando um teto plano contínuo. Elas são empregadas em muitas situações, particularmente em ambientes comerciais **2** Os tetos planos permitem fácil integração das utilidades, uma vez que não há nenhuma necessidade de desvio de canos e dutos sob as vigas **3** Os tetos planos necessitam de detalhamento simples das formas e armaduras, tornando-o mais fácil e	rápido de construir do que outras formas de construção de laje de concreto **4** O peso próprio de uma laje plana pode ser reduzido pela inserção de de vazios no interior da laje. Esses espaços vazios têm impacto insignificante sobre a capacidade estrutural do elemento **5** São necessárias verificações adicionais para se garantir que os limites de vibração foram respeitados	6 – 11 m	Lajes de múltiplos vãos – 22:1 Lajes de vão único – 30:1
Laje nervurada protendida	**1** A laje nervurada é uma solução leve de concreto armado **2** As lajes nervuradas se estendem em duas direções. Sendo assim, a relação entre os vãos nas direções x e y afetam a eficiência da laje. Um vão quadrado geralmente oferece a máxima eficiência **3** Elas podem ser deixadas expostas, omitindo-se, portanto, a necessidade de forros falsos. Isso requer que o acabamento de	concreto seja de uma melhor qualidade do que o usual **4** As formas são normalmente mais caras do que as formas para concreto armado tradicional e eventuais consertos das armaduras são mais complicados	8 – 13 m	Lajes de múltiplos vãos – 26:1
Sistema protendido viga-laje	**1** Os sistemas protendidos de viga e laje geralmente compreendem vigas largas com uma largura aproximada de vão/5 **2** As vigas reduzem a deformação do sistema em comparação à solução utilizando laje plana		6 – 13 m	Vigas de múltiplos vãos – 22:1 Lajes de múltiplos vãos – 40:1 Vigas de vão único – 20:1 Lajes de vão único – 35:1

3
Protótipos estruturais

87

3.1
A busca da forma

Durante o século XX, tanto arquitetos como engenheiros desenvolveram maneiras de projetar formas estruturais complexas por meio da experimentação de modelos físicos e da observação e simulação de estruturas encontradas na natureza. A busca e a criação de novas formas de estruturas foram realizadas a partir da extração de informações geométricas de modelos físicos, em particular de superfícies tridimensionais em compressão – cascas – ou superfícies tridimensionais em tração – membranas. Com o advento do CAD ("computer-aided design"), de modo concomitante ao aumento do conhecimento sobre o comportamento dos materiais, uma variedade de abordagens para a busca da forma pode agora ser seguida, utilizando-se programas de computador para calcular soluções ótimas para determinados parâmetros estruturais.

Modelos de suspensão

Uma curva 'catenária' é decorrente da suspensão de um cabo ou uma corrente com um apoio em cada extremidade, sofrendo deformação sob seu próprio peso. No caso de uma ponte pênsil, os cabos que estão esticados entre os mastros formam uma catenária. No entanto, uma vez que os cabos sofrem carregamento (devido à plataforma pendurada por cabos verticais posicionados a intervalos regulares), a curva se torna quase parabólica. Quando uma catenária é invertida, forma um arco naturalmente estável. Os arcos produzidos desse modo são estruturalmente eficientes, uma vez que a reação de compressão nas fundações sempre segue a linha do arco.

Para gerar estruturas compressivas, semelhantes às cascas, uma rede ou tecido é suspenso a partir de um conjunto de pontos e então fixado em posição por meio de saturação por gesso ou cola. Então, é virado (espelhado horizontalmente) para criar uma estrutura fina em forma de casca. Devido à eficácia estrutural, essas formas podem ser descritas como superfícies mínimas.

Películas de sabão

As bolhas de sabão (ver seção 1.4) são ilustrações físicas de uma superfície mínima. Uma superfície mínima é descrita mais apropriadamente como uma superfície com iguais pressões interior e exterior. Uma película obtida pela imersão de uma estrutura de arame contorcido de formato circular fechado em uma solução de sabão irá produzir uma superfície mínima.

Aplicação estrutural

Projetistas como Frei Otto e Isler Heinz têm usado protótipos de busca pela forma estrutural tanto como ferramentas de projeto quanto de engenharia. No caso de Otto – e especificamente seu trabalho com películas de sabão – esse modelos foram meticulosamente fotografados, registrados, mapeados e desenhados, gerando perfis para projetos a serem realizados posteriormente. Heinz Isler, cujo interesse eram cascas finas de concreto armado com grande qualidade de projeto, regularmente utilizou-se de modelos de escala física para gerar geometrias de superfície. Esses modelos de engenharia reversa, feitos de gesso, foram precisamente medidos, sendo utilizados como base para suas 'cascas catenárias' em grande escala.

A busca virtual da forma

Os programas de busca de forma estão atualmente disponíveis como ferramenta de projeto e análise e já não são apenas de domínio de escritórios profissionais de engenharia. Os programas de busca de forma têm por base princípios, como a otimização geométrica das técnicas de modelagem de películas de sabão desenvolvidas por Frei Otto. Um programa de busca de forma típico contém uma série de processos para transformações geométricas, bem como propriedades atribuíveis ao arranjo e ao material constituinte da construção, que podem incluir o tipo de tecido, de cabo de aço e de conectores. O modelo virtual pode então estar sujeito à tensão prévia e às simulações de ações variáveis. Ao mesmo tempo em que não há dúvida sobre a importância dessas novas excelentes ferramentas, que permitem a rápida modelagem interativa, ainda existem bons argumentos para o uso de modelos físicos. O modelo físico em escala reduzida, como uma analogia da construção física final, tem muito a dizer ao projetista, em relação ao comportamento do material e assuntos relacionados ao projeto específico e à sua montagem.

1 Redes suspensas
Modelo de Antonio Gaudí explorou o projeto de estruturas abobadadas sob compressão utilizando o mesmo princípio que o da catenária, pendurando pesos a partir de redes flexíveis e, em seguida, invertendo as formas resultantes

2 Modelo de suspensão
Modelo estrutural feito para estabelecer a forma dos arcos para uma nova estação de trem em Stuttgart, Alemanha, 2000, por Christoph Ingenhoven e Parceiros, Frei Otto, Büro Happold, e Leonhardt e Andrae

3
Protótipos estruturais

**3.1
A busca da forma**

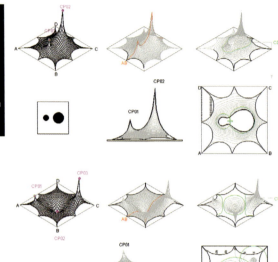

3 Pontos de controle
Imagens criadas utilizando-se um programa para projeto de membranas estruturais. Os pontos de controle (CP) são usados para criar espaço. O programa opera de modo que quando uma força é aplicada a um ponto, o carregamento é distribuído homogeneamente a fim de que a membrana esteja sempre sob tração para produzir uma transição suave entre os pontos

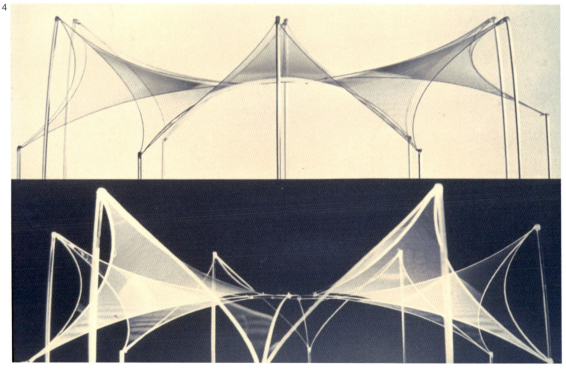

4 Modelo da película de sabão
Modelo feito por Frei Otto utilizando película de sabão em uma armação delimitada de arame para o projeto de uma membrana estrutural. Isso é tanto uma superfície mínima como anticlástica, que pode ser descrita graficamente como uma superfície duplamente regrada, ou seja, uma grade de linhas retas

5 Cascas de gelo
Heinz Isler projetou uma técnica pela qual um tecido foi estendido sobre mastros e então encharcado com água. Em temperaturas de congelamento, as membranas solidificadas e os mastros poderiam ser retirados, formando "cascas de gelo". Na figura tem-se uma imagem de cascas de gelo construídas na Cornell University, Ithaca, Nova York, em 1999, pelo Dr. Mark Valenzuela e Dr. Sanjay Arwade, com a assistência dos alunos da disciplina de Estruturas Modernas, ministrada pelo Dr. Valenzuela

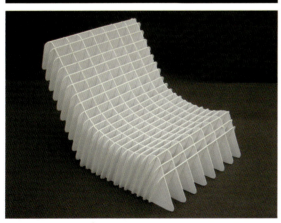

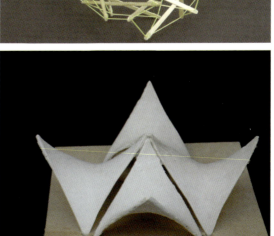

6 Técnicas de modelagem
Os modelos estruturais podem empregar uma variedade de técnicas de busca pela forma de acordo com as propriedades dos materiais utilizados, conforme os exemplos mostrados aqui. Todos os modelos foram construídos por alunos do segundo ano da Escola de Arquitetura da University of Westminster, Londres, 2007-9

Da esquerda para a direita, de cima para baixo:

Abóbada em grelha, formada com tiras elásticas de madeira, que são mantidas sob tração e fixas à base do modelo

Superfície complexa construída sobre perfis cortados a laser interligados por uma grelha

Perfis de papelão entrelaçado utilizados para modelar um núcleo de uma forma

Palitos descartáveis e elásticos utilizados para modelar uma cúpula *tensegrity* flexível

Fitas de papel dobradas e interligadas para gerar um sólido regular

Paraboloides hiperbólicos (em formato de sela) construídas por embebimento em gesso de um tecido

3.2
Ensaio de carregamento

O ensaio de carregamento é sempre uma parte crítica do desenvolvimento de um projeto estrutural. Enquanto a previsão de comportamento dos materiais e dos elementos de construção pode ser calculada matematicamente e com modelos computacionais (tais como o Método dos Elementos Finitos e a Dinâmica dos Fluídos Computacional, ver páginas 106 a 109), muito pode ser aprendido por meio da construção de protótipos e da observação. A primeira vez que ficou entendido que o concreto armado poderia flexionar sob carga foi por ocasião da finalização da Berthold Lubetkin's Penguin Pool no zoológico de Londres, em 1930. Como pode ser visto a partir do trabalho de Robert Stevenson no farol Bell Rock, há evidência de que o uso de protótipos foi fundamental para a resolução bem sucedida do projeto estrutural a fim de que resistisse ao enorme poder do mar. Da mesma forma, abóbadas e cúpulas monolíticas comprimidas têm, desde os tempos góticos, requeridas técnicas inovadoras de construção e materiais inovadores, que estão em constante desenvolvimento. Esta seção também é ilustrada por um conjunto de práticas, exercícios de solução de problemas, mostrando exemplos de uma variedade considerável de resoluções adotadas.

1
A rampa espiralada de concreto armado da Lubetkin's Penguin Pool, no zoológico de Londres, em construção em 1933

2

2 Farol Bell Rock
O projeto do Bell Rock foi o ápice do conhecimento anteriormente adquirido a partir da construção de faróis (dos quais muitos falharam) e de criação de protótipos com modelos em escala reduzida. John Smeaton havia construído o Farol Eddystone em 1759, pioneiro na utilização de pedra. As pedras eram cortadas de forma a se encaixarem perfeitamente umas às outras O perfil parabólico se mostrou ideal para resistir ao enorme impacto do vento e das ondas. Robert Stevenson e John Rennie são conhecidos por terem construído modelos em escala contra os quais eles atiraram baldes de água

Esquerda: Fotografia do Farol Bell Rock, mostrando a curva parabólica na base

Abaixo, à esquerda: Seção através dos blocos de pedra interligados em nível de fundação

Abaixo: Modelos dos detalhes de construção. Realizada no Museu da Escócia, Edimburgo

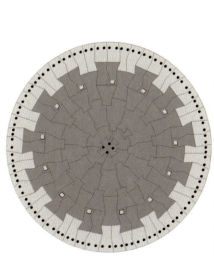

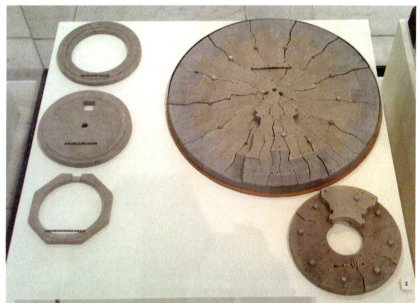

3 Protótipos estruturais

3.2 Ensaio de carregamento

3 Cúpulas monolíticas de cascas finas

A moderna (leve) tecnologia da utilização de formas infláveis tem melhorado enormemente a eficiência e a praticidade das cúpulas de concreto (que são similares em forma e estrutura a uma casca de ovo) moldadas *in loco*. Inspirado pelos protótipos desenvolvidos por Félix Candela, Pier Luigi Nervi e Anton Tedesko entre outros, mostra-se aqui um projeto de Dr. Arnold Wilson, da Brigham Young University Laboratories, Idaho, EUA, para testes de carga em uma cúpula de concreto de casca fina. Utilizando-se da tecnologia de formas infláveis (feitas de nylon reforçado com vinil e com revestimento à prova d'água), a cúpula é formada por espuma de poliuretano e concreto (armado) projetado

Acima:
Formas infláveis, mostrando a armadura

Esquerda:
Ensaio de carregamento em uma cúpula

4 Abóbadas de tijolo
Inspirada pela obra de Eladio Dieste e outros, o protótipo de abóbada Vault 201 foi construído por estudantes de arquitetura do MIT no Cooper-Hewitt National Design Museum, em Nova York. A abóbada se estende por 4,88 m, possui 4 cm de espessura e é formada por 720 tijolos. A curvatura da abóbada é composta por ranhuras que variam em perfil, mas são de mesmo comprimento de modo a manter um padrão ao longo do comprimento e evitar o corte personalizado desnecessário de tijolos. Ao final, como um resultado da análise do protótipo, foi desenvolvido um sistema taxonômico de três módulos de diferentes tijolos

Objetivo para os alunos: '1) aprender a partir da construção, 2) analisar e abstrair como regra, 3) reinserção no processo de projeto'

(Ver http://vaulting.wordpress.com/ para um relato completo do projeto.)

3
Protótipos estruturais

3.2
Ensaio de carregamento

As ilustrações a seguir são dos projetos de estudantes de graduação do primeiro ano conduzidos na University of Westminster, Londres, Reino Unido, de 2009 a 2011. Os estudantes estudaram os materiais de construção comuns, processos de fabricação e práticas de trabalho e foram, então, solicitados a projetar e construir um objeto em escala 1:1, a fim de resolver um problema estrutural específico. A prototipagem considerou a forma do modelo, a

construção de modelos e a experimentação de materiais. Assim, os estudantes aprenderam como o ato de "fazer" pode ser parte integrante do processo de projeto. Os objetos foram avaliados de acordo com a eficiência estrutural (brilho), a perícia, os detalhes de construção e o uso inovador de materiais.

5

a

b

c

d

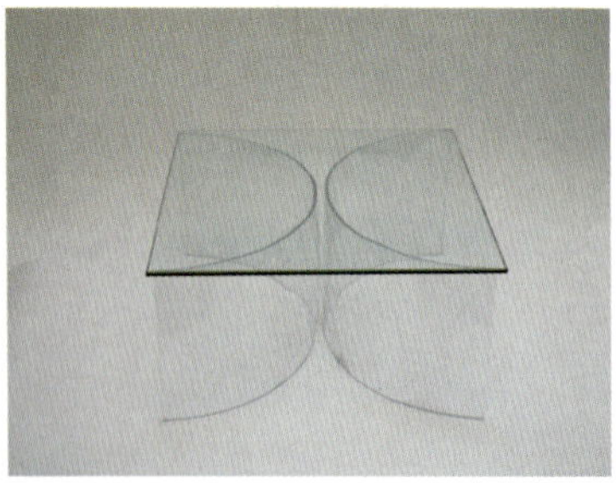

e

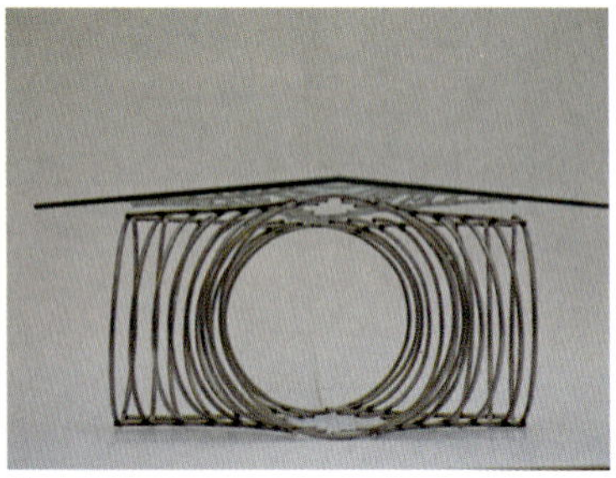

f

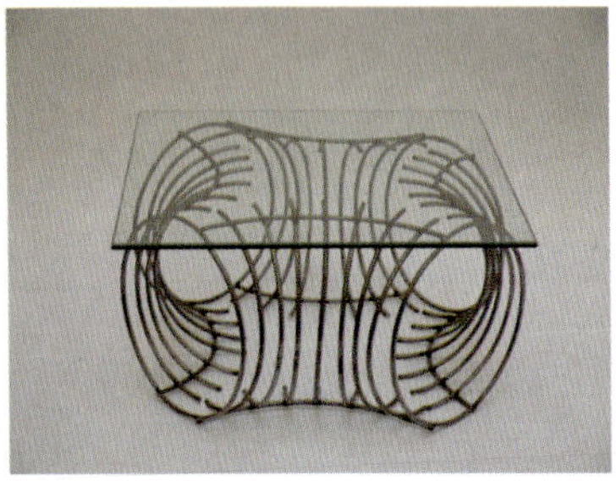

g

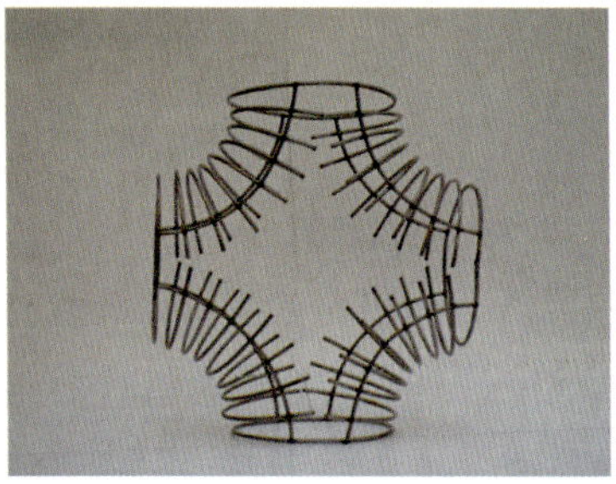

h

i

j

k

l

5 Apoios para uma folha de vidro
Neste projeto, os alunos exploraram métodos de ensaio para apoiar um corpo humano a 200 mm no ar em uma folha quadrada de vidro não temperado de 400 mm e 6 mm de profundidade. Todos os exemplos mostrados empregam elementos que estão essencialmente em compressão. (Ver a seção 2.1.5.2 Compressão axial)

a, b
Estrutura com múltiplos apoios pontuais explorando interação e escala

c – e
Rigidez alcançada utilizando-se ondulação e estabilidade por meio do uso de um plano circular

f – h
O arco e o princípio do equilíbrio combinados

i, j
Arcos ogivais usados como pórticos

k, l
Um arco ogival perfurado atuando como um pórtico

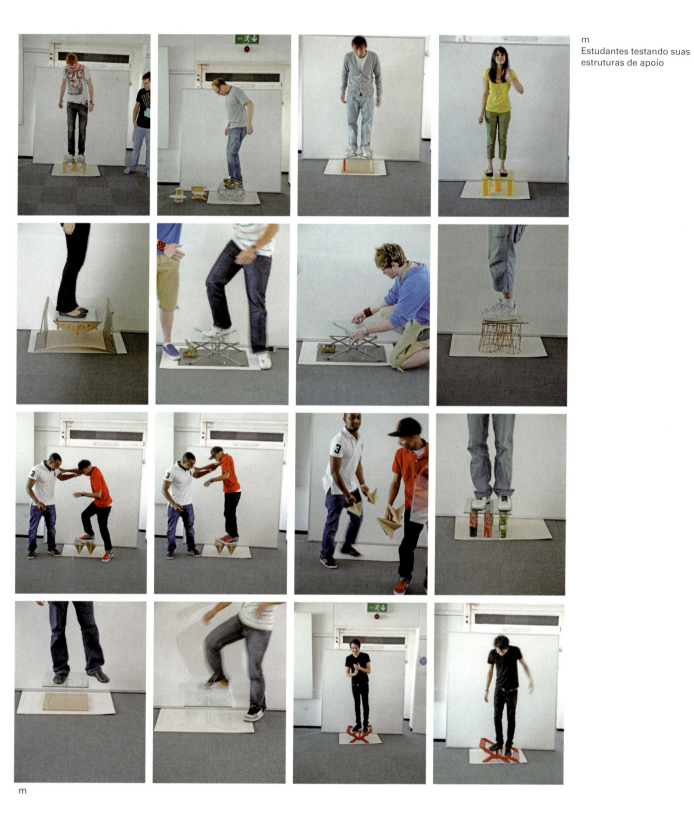

m
Estudantes testando suas estruturas de apoio

3 Protótipos estruturais
3.2 Ensaio de carregamento

a

b

c

d

e

f

g

h

i

j

k

l

6 Pedestal de apoio a um tijolo

A intenção era criar um pilar que poderia apoiar um único tijolo a uma altura de um metro, sem dobrar, sofrer flexão, instabilidade ou rotação. A força aplicada foi considerada primordialmente como vertical, sendo que o pedestal deveria resistir à torção (ver seção 2.1.4.1 Tensão). A máxima seção transversal foi fixada em 250 mm x 250 mm e a estrutura deveria falhar sob a carga de dois tijolos

a
Este projeto foi programado para explorar o potencial estrutural da hélice dupla, empregando elementos feitos de um material rígido com capacidade de deformação elástica – nesse caso, o bambu. Forças foram aplicadas a fim de rotacionar (torção) os elementos opostos em sentidos opostos. Em seguida, eles foram bloqueados em cada extremidade, de modo que as forças se anulassem mutuamente. Isso produziu uma estrutura extremamente rígida com uma elevada razão resistência-peso

b
Este projeto consistiu em um mastro que foi feito de múltiplos elementos de papel dobrado encaixados em torno de um núcleo cilíndrico. A rigidez foi conseguida por meio de um sistema de travamentos que resistiria ao movimento de torção por braços de alavanca tracionados no topo e na base, utilizando-se uma rede de fios que se ligam em formações triangulares

c
Uma rede leve de compressão com três mastros entrelaçados para proporcionar estabilidade

d
Uma estrutura monolítica cuja forma foi obtida por extrusão a partir de um plano simples. Uma série de nervuras foi ligada no ponto de simetria à rotação. Para evitar a instabilidade das nervuras finas e planas sob carga, elas foram individualmente laminadas ("foamboard")

e
Este projeto explorou a possibilidade de deixar o tijolo apoiado em um balanço, utilizando um número mínimo de elementos primários. Ao usar duas hastes com a capacidade de deformação elástica, elas poderiam ser laminadas juntas para agir simultaneamente a tração e compressão para formar uma estrutura rígida

f
Um simples elemento vertical foi enrijecido utilizando-se uma série de nervuras, que também agiram para estabilizar as estruturas ao nível do solo. O balanço vertical foi complementado por um elemento tracionado para transferir a força de volta para a base da estrutura

g – i
Esta solução usou um mecanismo telescópico. Um conjunto de cilindros de papelão foi encaixado de modo que eles pudessem ser fixados em diversas alturas

j
Este projeto foi concebido para deixar um espaço livre abaixo do tijolo sendo também destacável. A solução consistiu em usar três armaduras centralmente articuladas. A altura desejada foi conseguida tracionando-se cada um dos braços com o seu adjacente com o comprimento apropriado de cabo

k
O núcleo do mastro consistiu em cartas de baralho que foram empilhadas e encaixadas verticalmente. A rigidez foi conseguida por meio do tracionamento do topo na base

l
Este pilar simples foi estabilizado pelo tracionamento de cabos na placa de base

m
Suspenso por 200 balões de hélio, o tijolo foi suportado por uma viga de poliestireno perfurada a fim de estabilizar e distribuir a carga

3
Protótipos estruturais

**3.2
Ensaio de carregamento**

7

400 mm

400 mm

O peso da maçã deve ser transferido para o solo dentro deste espaço.

400 mm   400 mm

a

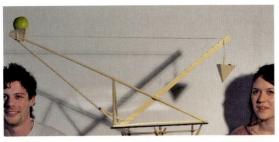
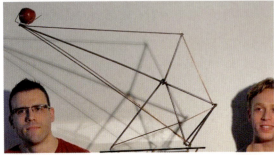
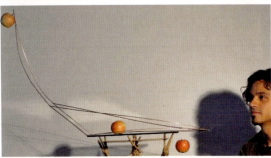
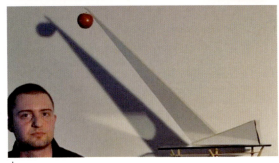

b

7 Suporte em balanço para uma maçã
As ilustrações a seguir mostram os resultados de um exercício para explorar soluções para suportar uma maçã, 400 mm horizontalmente e 400 mm verticalmente distante de uma região de 400 mm x 400 mm. A força foi considerada principalmente como vertical, embora a maçã deva se manter estável também em relação ao plano horizontal. Os diagramas descrevem os elementos de tração (vermelho) e de compressão (preto) no trabalho nas estruturas

a
Diagrama explicando os requisitos gerais para cada estrutura

b
Fotografias de quatro estruturas selecionadas com diagramas descrevendo os elementos em tração (vermelho) e os em compressão (preto)

c
As soluções dos estudantes para o problema estrutural foram variadas e inventivas

3	3.2
Protótipos estruturais	**Ensaio de carregamento**

8

8 Painel "sanduíche" de vidro suportando elemento
Este protótipo estrutural desenvolvido por David Charlton na University of Westminster, Londres, Reino Unido, cria um painel "sanduíche" com tradicionais lâmpadas incandescentes fechadas e embaladas em um plano de formação hexagonal e ligadas a folhas finas de vidro através de silicone estrutural. O vidro do núcleo, em estilo de favo de mel, produzido a partir de lâmpadas recicladas, utiliza a relativa força de compressão longitudinal da lâmpada de modo similar ao que acontece com a casca de ovo (ver Seção 1.3 Casca de ovo). O embalamento das lâmpadas resiste à sua tendência à deformação (e fratura), proporcionando estabilidade lateral. Este novo protótipo lembra a utilidade de se manter uma distância entre o topo e a base de uma viga, treliça ou estrutura tridimensional, criando assim uma profundidade estrutural com a qual se possa trabalhar Este protótipo também mostra como, com uma configuração geométrica bem pensada, a capacidade resistente à compressão pode ser garantida com materiais leves e até mesmo frágeis, mantendo-se impressionante capacidade resistente e reduzindo-se o efeito das ações de forças permanentes

9

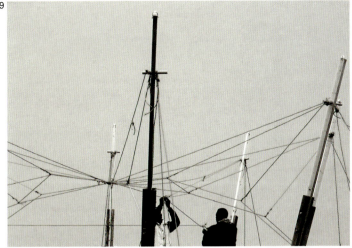

9 Estrutura de rede de cabos
Uma estrutura de rede de cabos para uma versão "faça você mesmo" da Arena O2 em Londres (anteriormente conhecida como Domo do Milênio) foi construída por alunos do primeiro ano de graduação da University of Greenwich, Londres, Reino Unido. O modelo em escala 1/36 utilizou todos os atributos estruturais do original, embora de forma simplificada, utilizando oito em vez de doze mastros (membros de compressão) para apoiar a rede.

3
Protótipos estruturais

3.3
Visualizando forças

Um passo fundamental na análise de engenharia tem sido a capacidade de visualizar forças em um "modelo estrutural". Em um processo desenvolvido no início do século XX, a modelagem fotoelástica permitiu que modelos reduzidos fabricados em resina transparente tivessem suas forças estruturais internas tornadas visíveis. Usando duas lentes polarizadoras posicionadas em cada extremidade do modelo, a luz é direcionada através do objeto e a birrefringência (refração dupla) ocorre em relação direta com os padrões de tensão. Considerando que modelos físicos podem ter sido usados anteriormente para verificar cálculos estruturais, os modelos estruturais fotoelásticos permitem ao projetista simultaneamente testar e observar forças e estruturas em ação.

Com o desenvolvimento do Método dos Elementos Finitos (MEF), a computação gráfica permite ao projetista modelar um sistema estrutural bi ou tridimensional ou conexões e estudar os efeitos das forças aplicadas como se fossem uma quarta dimensão. O advento da computação de baixo custo permite um modelo de informação de construção integrado (BIM – Building Information Model) para ser reformulado ou reconfigurado com as informações de resposta de análise do MEF e de fatores ambientais dinâmicos adicionais, como forças de vento, modelado com programa de Dinâmica dos Fluidos Computacional (CFD).

Modelagem fotoelástica

A modelagem fotoelástica é um método experimental para determinar a distribuição de tensões em um material e é frequentemente usada para determinar os fatores de concentração de tensões em formas geométricas complexas. O método tem por base a propriedade da birrefringência, que é apresentada por certos materiais transparentes. Um raio de luz passando através de um material birrefringente experimenta dois índices de refração. Os materiais fotoelásticos exibem essa propriedade somente quando ocorre aplicação de tensões, sendo que a magnitude dos índices de refração de cada ponto do material está diretamente relacionada ao estado de tensões desse ponto. Um modelo constituído de tais materiais produz um padrão óptico representando a distribuição interna de tensões.

O Professor Robert Mark, da Princeton University, brilhantemente ilustra tanto o método quanto a utilidade analítica da técnica fotoelástica em seu livro "Experimentos em Estruturas Góticas" (MIT Press, Cambridge, MA, 1982), no qual uma série de modelos comparativos de algumas das maiores catedrais góticas da Europa foi modelada fotoelasticamente e submetida a forças de vento. Essas ilustrações vivas e responsivas dos campos de tensões em uma dada estrutura fornecem evidências indicativas valiosas de "pontos de interesse" para estudo e melhorias. Os cálculos estruturais numéricos e algébricos correlatos, no entanto, devem ser computados separadamente.

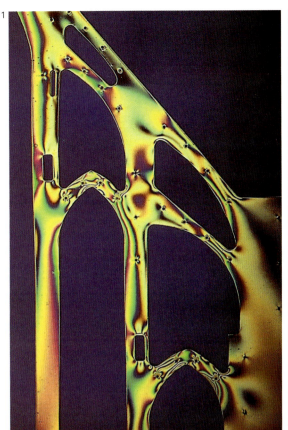
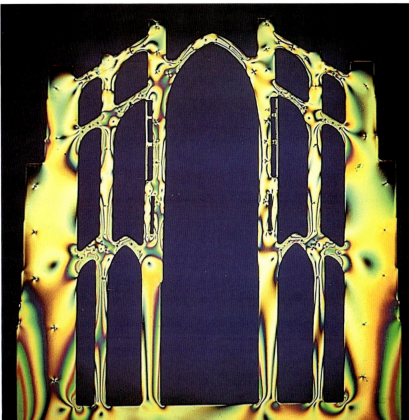
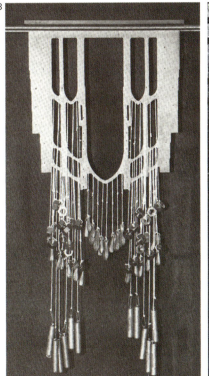
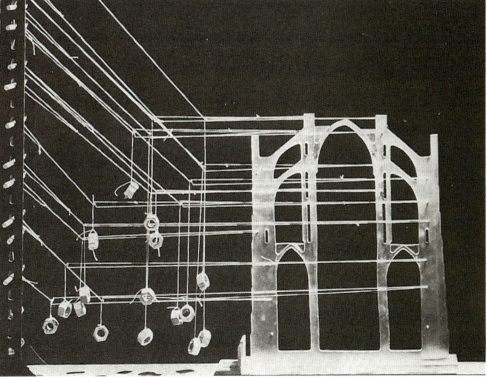

1
Modelo fotoelástico do coro da Catedral Borges. Os padrões de interferência fotoelástica são produzidos por forças aplicadas estaticamente (peso próprio)

2
Modelo fotoelástico do coro da Catedral Beauvais. Os padrões de interferência fotoelástica são produzidos por forças simuladas de vento

3
Fotografia mostrando como o Professor Mark simulou as forças aplicadas estaticamente em um modelo da Catedral Beauvais, usando pesos suspensos de diferentes massas aplicados conforme a localização das seções transversais

4
Um modelo de carregamento ativo da Catedral de Amiens sujeito a forças simuladas de vento lateral. Fios verticais são ligados de forma uniforme ao modelo

105

Método dos Elementos Finitos (MEF)

O primeiro passo na análise empregando o Método dos Elementos Finitos (MEF) é a construção de um modelo de estrutura a ser analisado. Modelos CAD de duas ou três dimensões são importados para o programa de computador e um procedimento de discretização em malhas é utilizado para definir e decompor o modelo em um arranjo geométrico de pequenos elementos (os elementos finitos) e nós. Os nós representam pontos nos quais valores relevantes, tais como deslocamentos, são calculados. Os elementos são delimitados pela interligação de nós, o que define propriedades do modelo tais como massa e rigidez localizadas. Os elementos também são definidos pela numeração da malha, o que permite ter-se correspondência com deslocamentos ou tensões em locais específicos no modelo. Conhecendo as propriedades dos materiais utilizados, o programa de computador com o MEF executa uma série de procedimentos numéricos para determinar efeitos tais como deslocamentos e tensões, que são causados pelas forças aplicadas. Os resultados podem então ser estudados utilizando-se ferramentas de visualização dentro do ambiente de MEF para visualizar e identificar as implicações da análise. Ferramentas numéricas e gráficas permitem a localização precisa dos resultados, tais como tensões e deslocamentos.

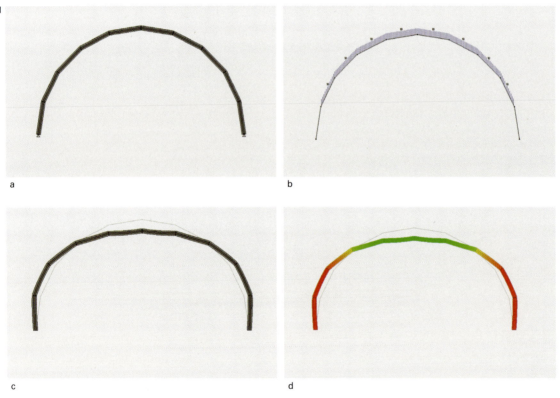

1 Método dos Elementos Finitos (MEF) em duas dimensões.
Na análise via Métodos dos Elementos Finitos de uma estrutura simples, um arco (a) sob carregamento uniforme (b). A imagem c mostra como o arco se comporta ou se deforma sob carregamento, com os lados empurrados para fora e o vértice para baixo. Na imagem d, um código de cores é introduzido, representando a distribuição de tensões dentro da estrutura do arco

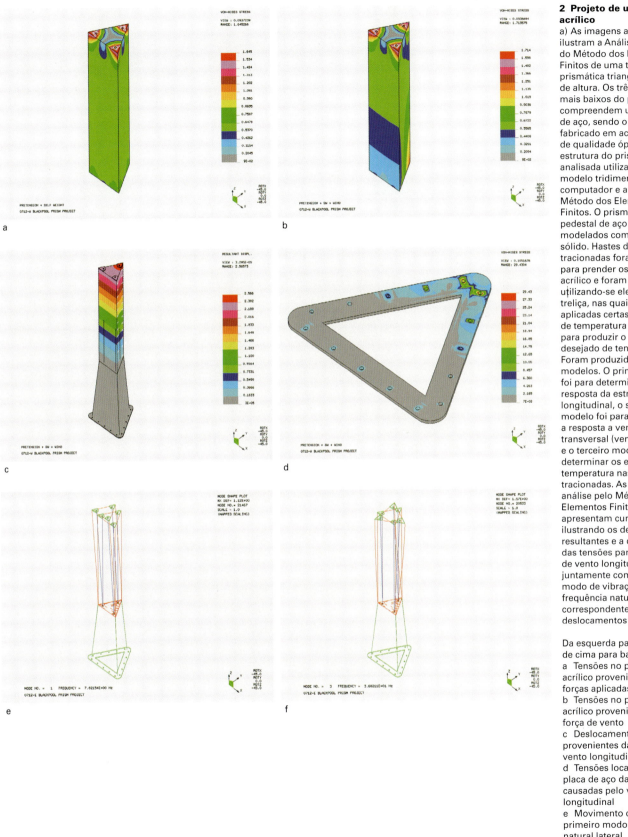

2 Projeto de uma torre de acrílico
a) As imagens a seguir ilustram a Análise por meio do Método dos Elementos Finitos de uma torre prismática triangular de 10 m de altura. Os três metros mais baixos do prisma compreendem um pedestal de aço, sendo o restante fabricado em acrílico sólido de qualidade óptica. A estrutura do prisma foi analisada utilizando-se um modelo tridimensional de computador e análise pelo Método dos Elementos Finitos. O prisma acrílico e o pedestal de aço foram modelados com elemento sólido. Hastes de aço tracionadas foram usadas para prender os blocos de acrílico e foram modeladas utilizando-se elementos de treliça, nas quais foram aplicadas certas condições de temperatura no contorno para produzir o nível desejado de tensões iniciais. Foram produzidos três modelos. O primeiro modelo foi para determinar a resposta da estrutura a vento longitudinal, o segundo modelo foi para determinar a resposta a vento transversal (ventos laterais) e o terceiro modelo para determinar os efeitos da temperatura nas barras tracionadas. As imagens da análise pelo Método dos Elementos Finitos apresentam curvas de nível ilustrando os deslocamentos resultantes e a distribuição das tensões para a condição de vento longitudinal juntamente com o primeiro modo de vibração na frequência natural e correspondentes deslocamentos

Da esquerda para a direita e de cima para baixo:
a Tensões no prisma de acrílico provenientes das forças aplicadas inicialmente
b Tensões no prisma de acrílico provenientes da força de vento
c Deslocamentos provenientes da força de vento longitudinal
d Tensões localizadas na placa de aço da base causadas pelo vento longitudinal
e Movimento causado pelo primeiro modo de vibração natural lateral
f Movimento causado pelo primeiro modo de vibração natural torsional

3.3 Visualizando forças

Dinâmica dos Fluídos Computacional (CFD)

As equações de Navier-Stokes, assim chamadas em homenagem a Claude-Louis Navier e George Gabriel Stokes, são um conjunto de equações que descrevem o movimento de substâncias fluídas tais como líquidos e gases. As equações são uma formulação do equilíbrio dinâmico de forças que atuam em qualquer região específica do fluído. Os diferentes métodos numéricos para resolver as equações de Navier-Stokes são, de forma geral, chamadas de Dinâmica dos Fluídos Computacional (CFD). Quando traduzido para um formato gráfico, o movimento dos fluídos pode ser visto na forma de partículas se movendo através do espaço. O CFD pode ser utilizado para simular de forma dinâmica o vento – velocidade e direção – dentro e em torno dos edifícios. O arquiteto é capaz de explorar variações do projeto que podem, por exemplo, melhorar a ventilação natural ou minimizar a corrente de ar excessiva em edifícios altos. Utilizando informações meteorológicas do local ou referenciadas, o programa de análise permite ao usuário modelar e considerar a velocidade. frequência e direção do vento, no modelo, auxiliando o projetista a desenvolver estratégias para ventilação natural, anteparos contra vento e apropriada capacidade resistente.

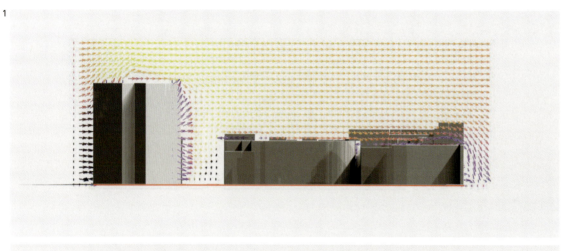

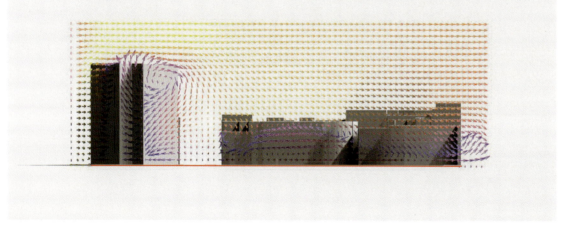

1 Análise CFD de uma seção sob fluxo
Análise CFD mostrando movimento de ar e velocidade em uma seção transversal de um conjunto urbano

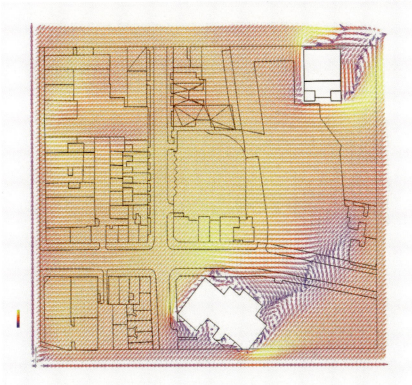

2 Análise CFD de um plano sob fluxo
Análise CFD mostrando o movimento de ar e velocidade em duas alturas acima de um conjunto urbano. Observe o fluxo de vento sudoeste predominante e a turbulência e desprendimento de vórtice em torno do prédio alto na parte central inferior das imagens

4
Estudos de caso

111

4
Estudos de caso

4.1
Introdução

Na tentativa de descrever e explicar as estruturas e os princípios estruturais, os estudos de caso que parecem mais úteis são frequentemente casos específicos bem individualizados. São exemplares únicos, cujo trabalho foi formado como uma parte de uma abordagem filosófica maior sobre as necessidades da sociedade, seja contemporaneamente ou no futuro. Vê-se essa abordagem, embora de maneiras muito diferentes e em meios diversos, nos trabalhos de inovadores estruturais tais como Pier Luigi Nervi, Richard Buckminster Fuller e Konrad Wachsmann, para citar apenas três. Todos esses artistas estruturais produziram projetos atraentes e experiências protótípicas com novos processos de construção, novos métodos de fabricação, novas configurações geométricas e determinantes programáticas. O trabalho desses pioneiros estruturais também testou (ou circundou completamente) os limites da engenharia contemporânea e da arquitetura ortodoxa, apresentando novos modelos para a produção de nosso ambiente construído. Princípios que ainda se luta para entender completamente, sem se falar no acolhimento irrestrito dessas ideias. Embora esses indivíduos sejam figuras do século passado, seus trabalhos experimentais podem ser entendidos como a apresentação de uma bela diversidade de abordagens para novos caminhos de construção do mundo. É nesse contexto que a exposição montada no Museu de Arquitetura, em Munique, 2010, "Wendepunkte im Bauen – Von der seriellen zur digitalen Architektur" revisitou o livro seminal de Konrad Wachsmann, de 1961. *The Turning Point of Building* fez uma demonstração de como os legados de trabalhos de figuras como Wachsmann podem ser relidos, cuidadosamente assimilados e, com a adição de novas ferramentas digitais de produção, fornecer o combustível para alguns novos tipos de arquitetura e engenharia que servem a sociedade de modo muito útil e apreciável. Se não está claro se tipos como Nervi, Fuller, Wachsmann (e mesmo Jean Prouvé e Frei Otto) são engenheiros, arquitetos, construtores ou artistas, então é exatamente esse o ponto. A relação entre a percepção do arquiteto e do engenheiro não só pode ser como tem sido problemática, com desentendimentos mútuos por parte dos menos talentosos (ou egocêntricos) de ambas as áreas. Disputas acirradas e pouco produtivas, sobre qual órgão de registro profissional reivindica qual talento, é irrelevante, apesar de se poder dizer que essas profissões foram lentas para identificar qualquer um dos anteriormente mencionados como um dos seus. Seus prodigiosos talentos, apesar de aberrantes, foram desconsiderados ou, pior, tratados com negligência por suas profissões.

Os estudos de caso são simplesmente um conjunto de diagramas estruturais, autoilustrando investigações materiais e estruturais entendidas como arquitetura. Eles vãos desde a incomum alta cobertura de concreto do Chiasso de Robert Maillart, de 1924 (que pode ser vista como uma tradução direta ou materialização da própria análise estrutural) à caprichosa experiência estrutural de Antón García-Abril, a Hemeroscopium House, de 2008.

Os estudos de caso são apresentados cronologicamente no contexto geral de trabalho e impacto de seus criadores. Com pouco mais da metade dos exemplos retirados da primeira metade do século XX, esta seção também inclui estruturas significativas da segunda metade do século XIX e projetos de última geração do início do século XXI.

4
Estudos de caso

4.2
1850–1949

4.2.1
A inovadora abordagem de Viollet-le-Duc sobre Engenharia

Descrição Estrutural
Abóbodas nervuradas

Engenheiro
Eugène Viollet-le-Duc
(1814–1879)

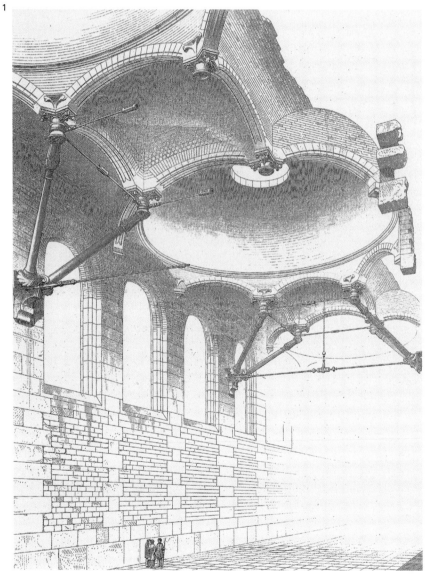

1

Viollet-le-Duc foi responsável por uma série de grandes restaurações em construções medievais e produziu dois significativos dicionários ilustrados de arquitetura. Ele foi considerado um artista, um cientista, um engenheiro, um arqueólogo e um dedicado pesquisador.

Viollet restaurou a Notre Dame Cathedral, o Hôtel de Cluny e outras construções medievais conhecidas de Paris, assim como as catedrais de Amiens, Saint-Denis e Lausanne (pela qual foi premiado com uma medalha por um júri internacional) e inúmeros prédios públicos e castelos. Ele considerou que a restauração de arquitetura gótica demandava um conhecimento profundo de engenharia estrutural, além de respeito por ela, pois é dela que deriva a beleza da arquitetura gótica. No entanto, ele não tinha receio de reinterpretar a concepção ("design brief"). Ele escreveu que restauração é um "meio de reestabelecer uma construção ao seu estado final, o qual pode nem mesmo ter existido de fato em dado momento"[1]

Em diversos projetos não idealizados para as novas construções, Viollet determinou que seria apropriado aplicar as tecnologias de construção e de materiais da época (como, por exemplo, ferro fundido) para a lógica estrutural e forma do período gótico. Ele também explorou formas naturais, tais como folhas e esqueletos de animais, e usou as asas de morcegos como uma influência para o projeto de telhados abobadados.

1 Viollet-le-Duc, E. *The Foundations of Architecture: Selections from the Dictionnaire raisonné*, Nova York: George Braziller, 1990, p. 170

2

1, 2
Composições em alvenaria e ferro. De E. Viollet-le-Duc, *Entretiens sur l'Architecture*, Paris, 1863

4.2.2
Estação Ferroviária St. Pancras Shed

Descrição estrutural
Telhado abobadado de ferro forjado e pilares de ferro fundido

Localização
Londres, Inglaterra

Ano de conclusão
1869

Dimensões do plano
210 m de comprimento
73 m de largura do vão do arco

Altura
30,5 m

Engenheiros
William Henry Barlow (1812–1902) e Rowland Mason Ordish

Empreiteira
The Butterley Company

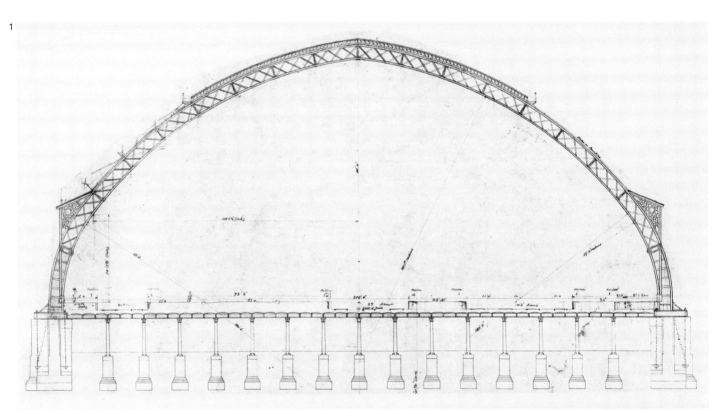

1 Estação de St. Pancras, o encontro de estilos: seção

O plano inicial da estação foi criado por William Henry Barlow. Barlow modificou os planos originais elevando a estação a 6 metros sobre 720 pilares de ferro, proporcionando assim um espaço utilizável sob a área construída e também permitindo que a linha cruzasse o canal Regent por uma ponte ao invés de por um túnel. Um espaço para um hotel de frente para a estação, também estava incluído no planejamento e a competição pela elaboração de seu projeto foi vencida por George Gilbert Scott com a construção de um edifício em estilo gótico.

Com uma área coberta de 17.000 metros quadrados, o galpão de trens de William Barlow continua sendo considerado como um dos maiores espaços fechados de todo o mundo.

2
Estação em construção

3
Vista do interior da Estação ferroviária St. Pancras

4
Estudos de caso

4.2
1850–1949

4.2.3
Torre Eiffel

Descrição estrutural	Localização	Altura	Engenheiros	Empreiteiro
Torre treliçada	Paris, França	324 m	Gustave Eiffel (1832–1922), Maurice Koechlin e Emile Nouguier	Gustave Eiffel (Eiffel & Cie)
	Ano de conclusão 1889	**Dimensões do plano** 125 m x 125 m		**Arquiteto** Stephen Sauvestre

Para a Exposição Universal de 1889, ano que marca o centenário da Revolução Francesa, o jornal francês Officiel lançou uma grande competição para "estudar a possibilidade de se erguer uma torre de ferro no Champ-de-Mars". A torre teria uma base quadrada, com 125 metros de lado e 300 metros de altura. A proposta do empresário Gustave Eiffel, dos engenheiros Maurice Koechlin e Emile Nouguier e do arquiteto Stephen Sauvestre foi a escolhida. Em 1884, Gustave Eiffel havia registrado uma patente "para uma nova configuração que permitiria a construção de torres e mastros metálicos capazes de superar uma altura de 300 metros."[1]
A empresa tinha como objetivo alcançar a altura icônica de 304,8 metros. Para a competição, Stephen Sauvestre foi contratado para transformar o que era essencialmente uma torre em uma estrutura decorativa e funcional. Ele propôs pedestais de pedra para revestir as extremidades inferiores dos pilares treliçados, arcos monumentais para ligar os pilares treliçados e o primeiro andar, grandes salões com paredes de vidro em cada andar e um design em formato de lâmpada para o topo.

A curvatura dos pilares treliçados foi concebida para oferecer a mais eficiente resistência ao vento possível, conforme explicou Eiffel: "Agora com qual fenômeno eu tive que me preocupar primariamente para projetar a Torre? Com a resistência ao vento. Pois então! Eu defendo que a curvatura das quatro bordas exteriores, que são exatamente como os cálculos matemáticos ditam que deveriam ser, dará uma grande impressão de força e beleza, pois irá revelar aos olhos do observador a ousadia do projeto como um todo. Da mesma forma, os muitos espaços vazios construídos entre os próprios elementos de construção mostrarão, claramente, a

constante preocupação em não submeter desnecessariamente alguma superfície à violenta ação de furacões, o que poderia ameaçar a estabilidade do edifício."[2]

A maior dificuldade em erguer a torre foi a conexão dos quatro pilares principais ao primeiro andar. Os pilares surgiam a um ângulo preciso a partir de bases que estavam separadas a 80 metros de distância para se conectarem com o primeiro andar a uma altura de 50 metros.

Todos os elementos de construção foram produzidos na fábrica de Eiffel, localizada nos arredores de Paris. Cada uma das 18.038 seções usadas para construir a torre foi projetada com uma precisão de décimos de milímetros. Foram então colocadas juntas, empregando-se parafusos provisórios para formar seções pré-fabricadas de aproximadamente 5 metros de comprimento.

No local, os parafusos foram substituídos um a um por um total de 2,5 milhões de rebites montados termicamente, que se contraíram durante o resfriamento para assegurar um ajuste muito perfeito.

Os pilares repousam em fundações de concreto instaladas poucos metros abaixo do nível do solo sobre uma camada de cascalho compactado. Cada borda repousa sobre seu próprio bloco de apoio, aplicando-lhe uma pressão de 3 a 4 quilogramas-força por centímetro quadrado, e cada bloco une-se aos demais por paredes subterrâneas.

Ao todo, a construção pesa 10.100 toneladas-força. Entre 150 e 300 trabalhadores estiveram no local ao mesmo tempo.

1, 2 Eiffel, G, Excerto de uma entrevista ao jornal francês *Le Temps*, 14 de fevereiro de 1887

1
Esboço descrevendo a construção da Torre Eiffel

2
Fotografia detalhada da Torre Eiffel, mostrando os rebites

3
Vista geral da torre

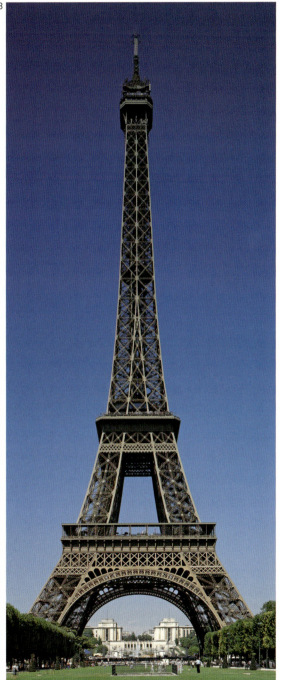

4.2.4
Ponte Forth Rail

Descrição estrutural
Ponte treliçada em balanço

Localização
Queensferry, próximo a Edimburgo, Escócia

Ano de conclusão
1890

Altura
2,5 km

Engenheiros
Benjamin Baker (1840–1907), Allan Stewart e John Fowler

Empreiteiro
Sir William Arrol & Co

1

A ponte Forth Rail, ligando Edimburgo a Fife, é a mais longa ponte em balanço do mundo para transporte ferroviário, e a segunda mais longa estrutura do mundo, depois da Ponte do Quebec. Foi projetada por Benjamin Baker, Allan Stewart e John Fowler, que também supervisionou o trabalho de construção. A ponte foi construída entre 1883 e 1890 pela empresa de Sir William Arrol & Co, sediada em Glasgow e foi a primeira na Grã-Bretanha a ser construída apenas com aço. Até essa época, a resistência e a qualidade do aço não podiam ser previstas.

O conceito de projeto para a ponte foi ilustrado por Baker em seu modelo de "equilíbrio humano" (ver seção 1.5). A ponte é composta por dois vãos principais de 521 metros, com dois vãos de 207 metros em cada extremidade. Cada um dos principais vãos é constituído por dois vãos em balanço que suportam uma treliça central de 106 metros. Ligando cada extremidade da ponte às margens do rio está uma série de treliças espaçadas a cada 51 metros.

Os balanços nascem de torres de 100 metros de altura, que são construídas em torno de quatro pilares primários, os quais se apoiam cada um em uma fundação separada. O grupo sul de fundações teve que ser construído como caixões sob ar comprimido para uma profundidade de 27 metros. Embora os dois balanços que

1
Vista da Ponte Forth Rail em construção

2
A Ponte Forth Rail hoje

nascem de cada uma das torres contrabalancem um ao outro, as extremidades em direção à margem carregam pesos de cerca de 1.000 toneladas-força para contrabalancear metade do peso dos vãos suspensos e das sobrecargas.

O uso dos balanços na construção de pontes não era uma ideia nova, mas o projeto de Baker incluiu cálculos para a incidência de forças de montagem, provisões para redução de custos futuros com manutenção, cálculos de pressão do vento (evidenciada pelo desastre da Ponte Tay) e os efeitos da variação de temperatura na estrutura. Uma análise recente (2002) dos materiais da ponte descobriu que o aço nela contido – estima-se que pese entre 54.000 e 68.000 toneladas-força – ainda está em boas condições.

O limite de peso para qualquer trem na ponte é de 1.422 toneladas-força, o que significa que qualquer locomotiva do Reino Unido pode utilizar a ponte. Até 200 comboios por dia atravessaram a ponte em 2006. A ponte está sendo considerada para indicação como Patrimônio Mundial da UNESCO. Durante sua construção, mais de 450 trabalhadores sofreram ferimentos e 98 perderam suas vidas.

4
Estudos de caso

4.2
1850–1949

4.2.5
Exposição All-Russia – 1896

Descrição estrutural
Torre hiperboloide; aço,
tensoestrutura de aço,
grelhas com dupla curvatura
("gridshell")

Localização
Nizhny Novgorod, Rússia

Engenheiro
Vladimir Shukhov
(1853–1939)

Seus paraboloides hiperbólicos atenuados eram verdadeiras formas de peso mínimo.[1]
Matthew Wells

A exposição All-Russia industrial e de arte de 1896 foi realizada em Nizhny Novgorod, na margem esquerda do rio Oka. O evento foi a maior exposição da pré-revolução do Império Russo e foi organizado com dinheiro atribuído ao Czar Nicolau II. A All-Russia Industrial Conference foi realizada simultaneamente à exibição e mostrou casos do melhor desenvolvimento industrial russo da última metade do século XIX.

Para a exposição, o engenheiro e cientista Vladimir Shukhov foi pioneiro no uso de aço em uma série de tipos radicais de construção, incluindo a primeira torre hiperboloide do mundo; a primeira tensoestrutura de aço do mundo e a primeira cobertura em grelha ("gridshell") em dupla curvatura do mundo.

Na década de 1880, Shukhov tinha começado a projetar sistemas de telhados que minimizaram o uso de materiais, tempo e trabalho. Provavelmente com base no trabalho de Pafnuty Chebyshev sobre a teoria da melhor aproximação de funções, Shukhov inventou um novo sistema que foi inovador tanto estrutural quanto espacialmente; ele deduziu uma família de equações para possibilitar o cálculo e a construção de hiperboloides de revolução e paraboloides hiperbólicos.

As estruturas hiperbólicas têm uma curvatura gaussiana negativa, o que significa que elas se curvam para dentro ao invés de para fora. Como superfícies duplamente regradas, elas podem ser feitas com uma estrutura treliçada de vigas retas de modo a manter-se relativamente simples de construir. Inspirado na observação do comportamento de uma cesta segurando algo pesado, Shukhov resolveu o problema de se projetar torres de água leves e eficientes, empregando uma estrutura de casca hiperbólica de aço. Devido à sua estrutura "aberta", a torre também experimenta ação mínima do vento.

Shukhov chamou a torre de azhurnaia bashnia (torre de renda / torre treliçada). O sistema foi patenteado em 1899 e ao longo dos 20 anos seguintes, ele projetou e construiu cerca de 200 dessas torres, com alturas que variam entre 12 e 68 metros, não existindo duas exatamente iguais.

1 Wells, M., *Engenheiros: Uma História de Engenharia de Projeto Estrutural*, Oxford: Routledge, 2010, p. 130

1
Primeira "gridshell" do mundo com dupla curvatura (estruturada diagonalmente), mostrada durante a construção. As coberturas desses pavilhões foram formadas inteiramente por uma treliça com cantoneiras retas e barras lisas de ferro

2
Primeira tensoestrutura de aço do mundo – o Pavilhão Elíptico da Exposição All-Russia, durante a construção, em 1895

3
A torre hiperboloide de água – a primeira estrutura em casca treliçada do mundo, finalizada em 1896

4
Desenho da torre treliçada

5
Vista interior da torre – olhando para cima

6
Vista da torre concluída

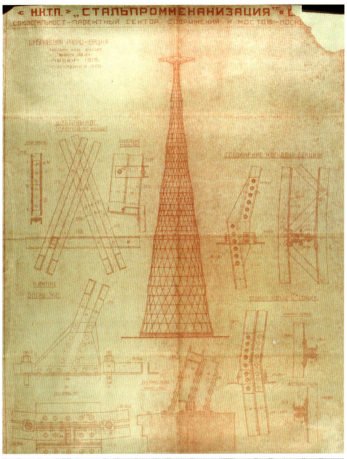

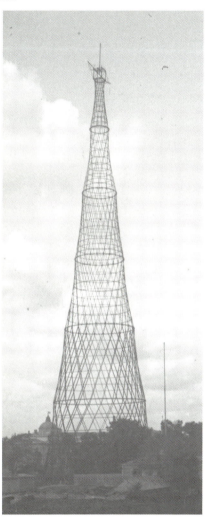

4
Estudos de caso

4.2
1850–1949

4.2.6
Torre tetraédrica

Descrição estrutural	Localização	Altura	Projetista	Engenheiro
Estrutura de torre em forma de treliça octeta	Beinn Bhreagh, Nova Escócia, Canadá	25 m	Dr. Alexander Graham Bell (1847–1922)	Frederick Baldwin
	Ano de conclusão 1907	**Dimensões do plano** Triângulo de lados de 1,8 m		

Alexander Graham Bell descobriu a treliça octeta durante a realização de pesquisas sobre máquinas voadoras.

Bell queria desenvolver uma pipa que seria grande o suficiente para carregar um homem. Do mesmo modo que, na segunda metade do século, a cúpula geodésica resolveria o problema de Buckminster Fuller de juntar a quantidade máxima de espaço com a estrutura mais leve, o tetraedro possibilitou a Bell que aumentasse o tamanho da pipa sem aumentar seu peso. Sua primeira inovação foi remover uma face da pipa quadrada padrão, substituindo-a por uma seção triangular – mais leve, mais rígida e menos propensa à torção sob a ação do vento. Ele passou a combinar várias pequenas pipas triangulares, aumentando assim a área de superfície com pouco aumento de peso, até que eventualmente se decidiu pelo tetraedro, umas das estruturas mais estáveis da natureza.

Bell imaginou que a estrutura da pipa pudesse ser aplicada para estruturas leves terrestres de metal e seus experimentos com as células tetraédricas culminaram na construção de uma torre de observação na Beinn Breagh, sua propriedade de verão perto de Baddeck, Nova Escócia.

Bell incumbiu o engenheiro Frederick Baldwin do trabalho de construção da torre. Cada "célula" era composta de seis peças, de 1,2 metros de comprimento e 15 milímetros de diâmetro, feitas de tubos de ferro galvanizados e quatro porcas de conexão. Cada célula poderia suportar 1.814 kg. Depois de concluída, em setembro de 1907, a torre ficou com quase 25 metros de altura.

A treliça octeta é agora um componente padrão comum, usado em muitas aplicações de construção e visto todos os dias em guindastes em todo o mundo.

Dr. Bell comentou sobre sua própria capacidade inventiva para aplicar as descobertas realizadas em um campo para outro: "Estamos todos muito inclinados, penso eu, a andar pela vida com os olhos fechados. Há coisas em torno de nós e abaixo de nossos pés que nunca vimos, porque nunca realmente olhamos".[1]

1 Carson, MK, *Alexander Graham Bell: Giving Voice to the World*, Nova York: Sterling, 2007, p. 118

1
Projeto de Bell para a pipa
tetraédrica multicelular

2
Torre de observação na
Beinn Bhreagh, construída
com trabalho não qualificado
e localizada deliberadamente
de modo a ser sujeita a altas
forças de vento

4.2.7
Armazém Magazzini Generali

Descrição estrutural
Concreto armado, telhado com duas águas, telhado suportado por uma treliça sob força constante

Localização
Chiasso, Suíça

Ano de conclusão
1924

Dimensões do plano
33,4 m de largura x 25 m de comprimento

Engenheiro
Robert Maillart (1872–1940)

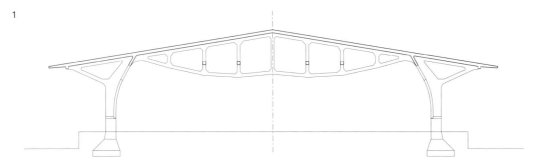

A treliça toma a forma de uma planta, que lembra certas formas estruturais da "art noveau", período de edifícios tais como os do catalão Antonio Gaudí.[1]
Max Bill

Construído no início do século XX, essa notável estrutura continua em uso como um armazém alfandegário para guarda temporária de mercadorias em trânsito na área industrial fronteiriça de Chiasso, entre Suíça e Itália. É um excelente exemplo de uma ideia estrutural autoilustrativa realizada em concreto armado in situ. Os elementos mais marcantes visualmente são usualmente as treliças de concreto, que são moldadas em conjunto com a laje do telhado inclinado. A fina laje de cobertura atua em conjunto com os banzos comprimidos superiores das treliças que são apoiadas pelos pilares em forma de árvore com braços em balanços. A forma resultante, levando-se em consideração as restrições dimensionais e a seção transversal inclinada para cargas de neve, é um diagrama quase perfeito das forças internas uniformemente distribuídas.

A estrutura é composta por seis treliças de concreto armado, criando um vão livre entre apoios de 25 metros. Uma cobertura adicional de 4 metros de ambos os lados é criada por uma extremidade em balanço, proporcionando uma largura total coberta de 36,4 metros. O projeto único levou os banzos das treliças terem a mesma dimensão de seção transversal que os elementos que ligam verticalmente os banzos superior e inferior, de modo semelhante a uma Vierendeel. Além disso, as seis treliças são também longitudinalmente conectadas por quatro elementos lineares para impedir sua instabilidade lateral. Os elementos da estrutura mais formalmente complexos são os 12 pilares, que se bifurcam na parte superior com o braço principal suportando de um lado a treliça e com um braço menor estendendo-se até a borda do telhado. Esses pilares geometricamente complexos (seção em forma de T) são adicionalmente moldados de modo a refletir os requisitos específicos funcionais e estruturais, incluindo uma base alargada e protegida e uma parede-diafragma em arco longitudinal, na qual o pilar encontra a treliça, proporcionando rigidez estrutural e uma distribuição uniforme de forças.

Em um artigo para a Society for the History of Technology, os autores Mark, Chiu e Abel[2] realizaram uma análise desse edifício único. Usando métodos numéricos e fotoelásticos, confirmaram que sua forma esculpida é, de fato, estruturalmente mais útil do que é sugerido por sua aparência cuidadosamente elaborada, onde, conforme Max Bill declarou em sua monografia sobre Maillart, "A forma segue o fluxo das forças". Os resultados de suas análises apresentaram "níveis de força quase uniformes" nos banzos superiores e inferiores da treliça,

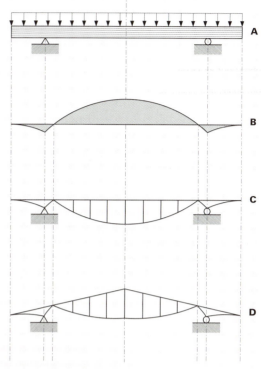

mostrando que a forma é derivada do diagrama de momentos, ou, ao menos, o replica fielmente.

A análise também mostrou que a construção monolítica, trabalhando em conjunto com a geometria da seção transversal e as conexões projetadas, permite que o telhado funcione como um tipo de estrutura de pele sob tensão. Em conclusão, a análise confirma claramente que a lógica estrutural é bem sucedida e uma distribuição interna uniforme de forças é alcançada juntamente com os requisitos específicos programáticos e de local, especialmente a sua utilização industrial e questões ligadas a cargas de neve.

O trabalho de Maillart com concreto foi influente sobre o trabalho de arquitetos e engenheiros como Pier Luigi Nervi, que inclui o armazém e o telhado de Chiasso no seu livro Estruturas, no capítulo 'Compreendendo estruturas intuitivas'. O armazém adjacente é também interessante estruturalmente, como um dos primeiros exemplos de uso de laje lisa, onde Maillart substituiu vigas por pilares especialmente concebidas e capitéis projetados para fornecer a necessária rigidez estrutural e apoio axial.

1 Bill, M., *Robert Maillart: Bridges and Constructions*, London: Pall Mall Press, 1969, p. 171
2 Mark, R., Chiu, J. K., and Abel, J. F., 'Stress Analysis of Historic Structures: Maillart's Warehouse at Chiasso' in *Technology and Culture*, Vol. 15, No. 1 (Jan. 1974), pp. 49–63

1
Desenho de seção transversal do projeto único de telhado realizado por Maillart

2
Vista principal do interior de galpão em Chiasso

3
Detalhe do apoio do pilar principal na borda do telhado

4
Detalhe do pilar e da ligação com a treliça

5
Diagrama da lógica estrutural e do desenvolvimento da forma de telhado:
A mostra uma viga com apoio simples
B mostra o diagrama de momentos fletores de uma viga
(NT: No Brasil, costuma-se desenhar esse diagrama rebatido em relação ao eixo da viga)
C mostra a reversão desse diagrama de momento
D é um diagrama da resolução estrutural final de Maillart em Chiasso

4
Estudos de caso

4.2
1850–1949

4.2.8
Hipódromo Zarzuela

Descrição estrutural
Estrutura em casca de
concreto armado com dupla
curvatura

Localização
Madri, Espanha

Ano de conclusão
1935

Engenheiro
Eduardo Torroja (1899–1961)

Eduardo Torroja, engenheiro espanhol, nasceu em 1899, em uma família de matemáticos, engenheiros e físicos. Foi o fundador da Association for Shell Structures (IASS) e, no seu auge na década de 1930, Eduardo Torroja's Engineering Bureau estava produzindo muitos projetos inovadores e técnicas experimentais de construção, inclusive relacionados aos estágios iniciais do concreto protendido.

Em 1959, em um momento em que as estruturas em casca eram frequentemente usadas em todo o mundo para telhados de edifícios, tais como salas de espetáculo e ginásios de esportes, instalações industriais, silos e torres de ventilação, Torroja organizou e convocou um colóquio internacional em Madri. Durante esse colóquio, Torroja propôs a fundação do IASS.

Citando Torroja: "… muito mais do que os resultados técnicos, eu valorizo a experiência na sua dimensão humana, social e profissional… para criar organizações onde as diferentes profissões, os altos e baixos escalões, possam trabalhar juntos em perfeita harmonia; nas quais todos já tenham se acostumado a viver uma vida no mais alto degrau de humanidade, onde reinem a cortesia, o respeito, o apoio mútuo e a máxima dignidade pessoal."[1]

1 Schaeffer, R. E., *Eduardo Torroja: Works and Projects*; resenha por Pilar Chías Navarro e Tomás Abad Balboa no *Journal of the International Association for Shell and Spatial Structures* (IASS), Vol. 47, No. 3, Dezembro, 2006, p. 152

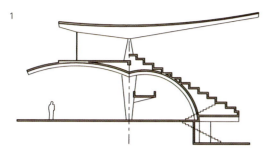

1
Seção transversal do telhado

2
Vista aérea mostrando o telhado de dupla curvatura em construção

3
O telhado da arquibancada do Hipódromo Zarzuela com balanço de aproximadamente 13 m

4.3
1950–1999

4.3.1
Crown Hall, Illinois Institute of Technology (IIT)

Descrição estrutural
Pórtico de aço com as extremidades em balanço

Localização
Chicago, EUA

Ano de conclusão
1956

Dimensões do plano
67 m de comprimento x 36,6 m de largura

Altura
8,36 m

Arquiteto
Ludwig Mies van der Rohe (1886–1969)

Onde a tecnologia atinge a sua verdadeira realização, transcende em arquitetura.[1]
Ludwig Mies van der Rohe

Uma das obras mais célebres de Mies van der Rohe, o Crown Hall continua após 50 anos de sua conclusão, uma estrutura elegante e concisamente projetada. Construída como parte de um campus de 48 hectares inteiramente projetado por Mies no bairro de Bronzeville, em Chicago, o Crown Hall permanece como a peça central desse notável parque arquitetônico, que continua sendo o principal campus do IIT, de cinco que o Instituto tem na cidade. O Crown Hall foi concebido para abrigar a Faculdade de Arquitetura e Urbanismo (uma relação muito próxima e intencional). Mies tinha um particular interesse nesse projeto por ter dirigido o programa de arquitetura no IIT de 1938 a 1958. O edifício é organizado sobre dois andares e usa um módulo planejado de 3,05 metros. Para entrar, sobe-se 1,8 metros em degraus de pedra travertino e entra-se no espaço de vão livre do piso do 'estúdio' principal, um espaço de volume único com 67 metros de comprimento, 36,6 metros de largura e 5,48 metros entre o piso do terraço e o teto acústico. Duas escadas para o andar de baixo – levando a espaços adicionais para palestras, estudos e bibliotecas – pontuam o grande e desobstruído nível térreo. O piso principal também contém divisórias baixas e autônomas revestidas de carvalho e duas finas tubulações não estruturais para utilidades, que são os únicos elementos do piso ao teto.

Para compensar a concepção avançada, Mies habilmente inverte um típico arranjo de viga e telhado e posiciona as quatro vigas estruturais principais de 18,3 metros por todo o exterior do telhado, apoiadas em oito pilares externos, formando um pórtico soldado constituído de perfis laminados. Esse arranjo estrutural mantém um espaço perfeitamente aberto e o teto liso e ininterrupto. A natureza da construção com aço também permite criar ligações rígidas nos pórticos, eliminando a necessidade de travamentos visíveis. O telhado projeta-se

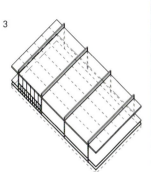

1
Entrada principal do Crown Hall, com duas de suas 4 vigas pré-fabricadas

2
Entrada nos fundos do Crown Hall

3
Ilustração axonométrica mostrando o conjunto estrutural

4
Detalhe do pilar e vigas que incorporam uma escada de acesso formada por perfil de aço de seção quadrada soldado nas mesas do pilar

5
Detalhe do canto do edifício mostrando o vidro jateado ao nível inferior

6,1 metros além das estruturas principais de aço em cada extremidade, incrementando o efeito de sua parte inferior como uma espécie de plano flutuante. Esse prisma de aço é envidraçado em todos os lados com vidros jateados (translúcidos). O edifício foi reformado em 2005 por Kreuck & Sexton Arquitetos, que realizaram um trabalho minucioso e meticuloso, incluindo um novo envidraçamento, jateamento e pintura da estrutura de aço de forma adequada segundo o estilo "Mies Black", para que não tivesse destaques, mas não desaparecesse sob a luz solar.

A estrutura de aço para o Crown Hall é uma mistura padrão de pilares laminados e cantoneiras, e outros componentes de aço especialmente fabricados. Oito pilares maiores de 18,3 metros centro a centro apoiam as quatro vigas que possuem 1,83 de altura. Pilares de seção H, menores e intermediárias são colocados a cada 3,05 metros e delineiam o modo de envidraçamento. Com todos os elementos estruturais visíveis, claramente expressos, e com um projeto detalhado impecável, o Crown Hall ainda é um modelo exemplar de lógica estrutural bem trabalhada, composição elegante de materiais e utilidade. Mies também usou a lógica da "estrutura exterior" encontrada no Crown Hall em seu Teatro Nacional, Mannheim, que en3trou na competição em 1953. No entanto, para essa estrutura muito maior, de 160 metros de comprimento e 80 metros de largura, ele havia proposto a substituição do aço sólido das vigas por uma treliça. Mies executou muitos projetos em Chicago, mas, ao lado de seus apartamentos Lakeshore Drive, o recém-restaurado Crown Hall continua a ser uma de suas obras mais poderosas e duradouras.

1 Blaser, W., *Mies van der Rohe*, London: Thames and Hudson, 1972, p. 80.

4
Estudos de caso

4.3
1950–1999

4.3.2
Restaurante Los Manantiales

Descrição estrutural
Casca hiperbólica de
concreto armado

Localização
Xochimilco, Cidade do
México, México

Ano de conclusão
1958

Engenheiro
Félix Candela (1910–1997)

Arquitetos
Fernando Alvarez Ordóñez,
Joaquin Alvarez Ordóñez

Pode-se dizer que há dois critérios básicos para uma casca ser bem concebida: a casca deve ser estável e de um formato que permita fácil construção. Deve ser o mais simétrica possível porque isso simplifica seu comportamento. Os rincões interiores (como no restaurante em Xochimilco) e as cumeeiras exteriores devem ser capazes de transferir as forças para pontos de apoio, ou então deveria existir um apoio contínuo ao longo de certas cumeeiras.[1]
Félix Candela

Candela colaborou com Colin Faber na forma geral do restaurante. A forma de casca é a de uma abóboda, feita de quatro parábolas hiperbólicas com cumeeiras livres de quaisquer reforços de modo a revelar a espessura da casca. Os rincões são os vales da casca, formados nas intersecções (convergências) das parábolas hiperbólicas.

Candella enrijeceu os rincões, utilizando vigas de seção V. Essas vigas V foram reforçadas com aço, enquanto que o restante da casca tinha apenas armaduras normais para impedir as fissuras locais. Para as fundações, Candella ancorou as vigas V nas fundações em formato de guarda-chuvas invertidos para evitar a casca de afundar no solo mole. As fundações foram então ligadas com tirantes de aço para suportar ao empuxo lateral da casca.

Parábolas hiperbólicas podem também ser entendidas como superfícies regradas. Isso quer dizer que sua geometria tridimensional pode ser gerada por séries de linhas retas. As formas para construção seguiram os geradores dessas linhas retas. Uma vez que a malha de armaduras tenha sido colocada sobre elas, o concreto foi lançado à mão, um balde de cada vez.

1 Faber, C., *Candela: The Shell Builder*, New York: Reinhold Publishing Corp., 1963, p. 199.

132

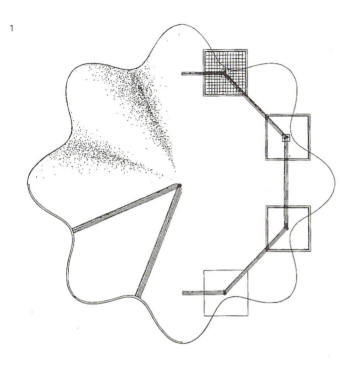

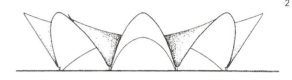
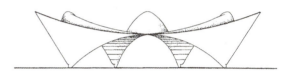

1
Plano

2
Seção e elevação

3
O edifício durante a construção

4–6
O edifício hoje

4
Estudos de caso

4.3
1950–1999

4.3.3
Estruturas em casca de concreto, Inglaterra

Descrição estrutural
Estruturas em casca de concreto

Localização
Markham Moor e Ermine, Lincolnshire, Inglaterra

Ano de conclusão
1959/1963

Arquiteto
Sam Scorer (1923–2003)

Sam Scorer foi um arquiteto produtivo e, além de seu trabalho pioneiro com estruturas em casca, ele realizou muitos trabalhos de conservação de edifícios, incluindo a grande restauração da Catedral Lincoln. Ele foi presidente de comitê de planejamento do local, produziu a revista *Architecture East Midlands* em meados dos anos 1960 e foi um associado da *Royal Society of Arts*.

Como um pintor talentoso e dando vazão às suas frustrações artísticas, Scorer surgiu com projetos radicais para telhados paraboloides hiperbólicos (duplamente curvados) – mais notadamente em uma igreja Lincoln que é agora um restaurante de beira de estrada na A1 em Markham Moor.

O último exemplo foi originalmente projetado como uma cobertura para um posto de gasolina, sobre um longo e baixo edifício que abriga um escritório e um quiosque sobre uma linha de bombas. Alguns anos após sua construção na década de 1950, um restaurante foi construído debaixo do telhado suspenso. No início do novo milênio foi ameaçado de demolição para dar espaço para uma estrada de acesso, mas uma manifestação em 2005 concedeu-lhe um indulto.

Ao contrário do restaurante, o interior da Igreja St. John se beneficia completamente de possuir um telhado tão majestoso – seu formato de disco efetivamente elimina a necessidade de pilares, permitindo um grande espaço interior estruturalmente livre. Desde o início, Scorer estava interessado em

como a teologia se relacionava com a construção, o que a igreja representava, como funcionava e como se relacionava com a comunidade, o que enfatizou ser uma "tenda da congregação". A casca se inicia no ponto mais baixo da igreja e o altar, também projetado por Scorer, é no ponto mais alto – acimado por um bem desenhado vitral projetado por Keith New, que também projetou as janelas da reconstruída Catedral Coventry.

O enchimento da laje de concreto do telhado de 75 milímetros de espessura na St. John's teve que ser feito em uma operação contínua, em condições muito frias. Apesar de terem sido empregados queimadores de querosene para evitar o congelamento, fissuras apareceram na secagem, necessitando de apoio adicional para a viga de concreto sob o piso. Para tanto, mais concreto foi adicionado aos dois poços de água (que refletem o significado do batismo) em cada extremidade deles. A superfície exterior do telhado foi coberta por placas de fibra de madeira e alumínio superpuro (foi novamente revestida com uma membrana patenteada na década de 1990, após dano). A forma do telhado tinha uma aparência tão boa que foi mantida, produzindo um ótimo teto composto por ripas de madeira. A igreja foi finalizada em 1962 e foi tombada em 1995.

1
Cobertura do posto de gasolina, Markham Moor

2–4
Igreja St. John

5
Diagrama de uma estrutura de telhado hiperbólica paraboloide

6
Cópia de um dos desenhos de Sam Score para a torre do sino da igreja

7–8
Igreja St. John

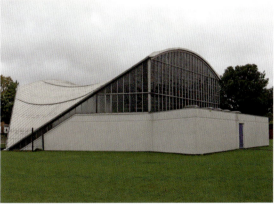

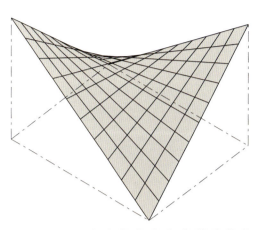

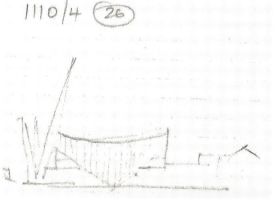

4
Estudos de caso

4.3
1950–1999

4.3.4
Cúpulas geodésicas

Descrição estrutural
Estruturas de cúpulas geodésicas

Projetista do sistema
Richard Buckminster Fuller
(1895–1983)

(...) A engenharia mundial não apenas foi surpreendida pelo comportamento geodésico, mas estabeleceu claramente que não era possível explicá-lo ou prever seu desempenho por peso sem precedentes das estruturas geodésicas por meio de qualquer dos princípios academicamente conhecidos de análise.[1]
Richard Buckminster Fuller

Ao discutir o trabalho de Richard Buckminster Fuller (também conhecido como 'Bucky'), é difícil fazê-lo sem mencionar seu grande projeto teórico e filosófico, que ele chamou de 'Spaceship Earth'. Esse projeto, que se prolongou por toda a sua vida profissional, abrangeu uma consciência humana ambiental e de interesses altamente sintonizados, que incluíam energia, transporte e sistemas de serviços com especial atenção dada à mais fundamental das necessidades humanas, abrigo. Como um ex-militar da Marinha Americana, Fuller reconheceu a excelência logística e operacional dessa organização altamente provida de recursos, se não, por seu propósito sociopolítico. Buckminster Fuller declarou que o projetista deve se preocupar com o bem estar da humanidade e com o controle do meio ambiente, não com armamentos. E assim começou seu experimento de uma vida toda 'sobre o que um homem pode fazer', que era abraçar a arte, a arquitetura, a engenharia e a poesia. Além de ser um estrategista altamente qualificado e articulado, Fulller também se interessava por algo que ele descreveu como os artefatos de suas próprias ideias, que em si, são altamente originais. Essas invenções incluíam vários sistemas estruturais

patenteados, mais notavelmente a cúpula geodésica, que ultimamente se tornou sinônimo de Fuller. É interessante notar que, enquanto a geometria geodésica e as cúpulas geodésicas são um fim em si mesmas, elas estão também intimamente relacionadas ao mapeamento social e tecnológico de Fuller no mundo, com a matemática geodésica sendo crucial para a criação de redes de distribuição de alimentos, sistemas de energia, abastecimento de água doce e abrigo. Como seu colaborador de longa data, Shoji Sadao observou recentemente que 'Para Bucky, o problema da transferência da forma esférica do planeta para um pedaço de papel bidimensional ainda não havia sido resolvido de forma satisfatória.[2]

A cúpula geodésica patenteada por Fuller em 1954 é conhecida por ser a cúpula estruturalmente mais eficiente entre as cúpulas derivadas do icosaedro (poliedro de 20 lados). No pedido de patente, Fuller descreveu-a como um mastro esférico que distribui a tração e a compressão por toda a estrutura. A forma combina as vantagens estruturais da esfera (que confina o maior volume com a menor área de superfície e é a mais resistente contra a pressão interna) com as do tetraedro (que confina o menor

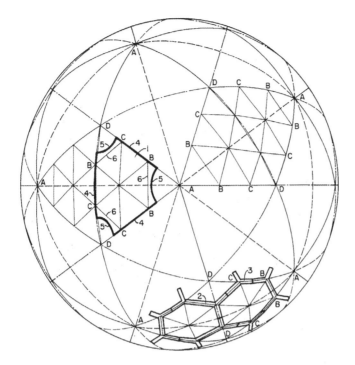

1
Patente 3.197.927 de Fuler na Marinha Americana, na qual ele descreve as diferentes configurações estruturais geodésicas com base na subdivisão do 'grande círculo' de uma esfera.

volume com a maior área de superfície e apresenta a maior resistência contra pressão externa). Uma estrutura geodésica distribui as cargas uniformemente em toda a sua superfície e, como uma estrutura tridimensional, é eficiente para a construção, uma vez que é composta inteiramente de pequenos elementos. A cúpula geodésica é produto de uma geometria com base na linha mais curta entre dois pontos sobre uma superfície definida matematicamente. Seu nome tem origem na ciência da geodésia – que mede o tamanho e a forma da Terra. É constituída por uma grade de polígonos que é o resultado das linhas geodésicas que se interceptam. O número de vezes que se pode subdividir uma das faces triangulares do icosaedro é descrito como a 'frequência'. Quanto maior a frequência, mais triângulos haverá e mais forte a cúpula será. A possibilidade de aumento da cúpula geodésica é interessante, sobre o quê Fuller aponta '(...) toda vez que o diâmetro de uma cúpula geodésica é duplicado, serão oito vezes mais moléculas de atmosfera nela contidas, mas apenas quatro vezes mais superfície da casca.[3] Essa constatação levou à proposta de Fuller, em 1950, de cercar todo o centro de Manhattan por uma cúpula geodésica de 3,2 km de diâmetro, cuja estrutura pesaria significativamente menos do que o volume de ar nela contido e se tornaria invisível devido à proximidade física e à nossa acuidade visual relativa.

Fuller e suas empresas de consultoria, Synergetics and Geodesics Inc., produziram muitos tipos de estruturas geodésicas, trabalhando em colaboração com outros arquitetos e engenheiros. Fuller também licenciou sua tecnologia, que compreendeu a configuração geométrica patenteada e vários detalhes de conexão. Cúpulas foram fabricadas a partir de uma vasta gama de materiais, que incluem papelão, folhas de madeira compensada, chapas de aço e plásticos com reforço de fibras. Quatro cúpulas principais e tipos de cúpulas são descritos mais a frente. Elas utilizam diferentes materiais e processos de fabricação, mas são todas derivadas da geometria geodésica de Fuller.

1 Krausse, J., and Lichtenstein, C., *Your Private Sky: R. Buckminster Fuller*, Zürich, Lars Müller Publishers, 2001, p. 229
2 Sadao, S., *A Brief History of Geodesic Domes, Buckminster Fuller 1895–1983*, Madrid: AV Monographs 143, 2010, p. 87
3 Fuller, R. B., *Critical Path*, New York: St. Martin's Press, 1981, p. 209

The Climatron, St. Louis, Missouri, 1960

Arquiteto
Murphy and Mackey Architects

Dimensões de plano
53 m de diâmetro

Altura
21 m

Esse recinto de temperatura controlada celebrou recentemente o 50° aniversário como uma estufa tropical e subtropical no Jardim Botânico de Missouri. Os clientes queriam um grande espaço sem paredes internas ou apoios, o que os levou à nova tecnologia de Fuller. A estrutura é um quarto de cúpula fabricada a partir de perfis tubulares de alumínio atuando sob compressão, parafusados a nós pré-fabricados, e com as forças de tração transferidas por meio de barras de alumínio interconectadas. A estrutura é mantida no alto sobre uma série de pilares articulados de aço estrutural. O Climatron foi originalmente revestido de painéis de acrílico, os quais foram, na restauração da década de 1990, substituídos por vidro e uma moldura de apoio adicional.

1
Fotografia recente da Cúpula Climatron restaurada

2
Detalhe da armação estrutural de alumínio do Climatron. Observe as barras de tração

Cúpula Wood River, Wood River (Rio Madeira), Illinois, 1960

Arquiteto
R. Buckminster Fuller com a Synergetics Inc (James Fitzgibbon e Pete Barnwell)

Dimensões do plano
117 m de diâmetro

Altura
36 m

Esta cúpula é a menos célebre estrutura relacionada ao edifício Tank Car Union, em Baton Rouge, Louisiana, que foi demolido em 2008. Quando a Cúpula Baton Rouge foi construída, em 1958, era o maior vão livre do mundo – um recorde que manteve por 11 anos. A Cúpula Wood River é uma construção praticamente idêntica, embora com um interior menos elaborado. Ambas as estruturas são exoesqueletos geodésicos de tubos de aço soldados, fixados a uma camada de chapa dupla de aço soldado de 2,78 milímetros (bitola 12), que atua sob tração, assim como proporcionando a cobertura ambiental. A cúpula Wood River foi construída de cima para baixo, com a estrutura gradualmente aumentada pneumaticamente com uma enorme bolsa de tecido inflada com ar. O edifício permanece em uso para a manutenção de vagões.

3
Fotografia recente da Cúpula Wood River

4
Detalhe da Cúpula Wood River mostrando a camada de chapas de aço e o exoesqueleto tubular de aço

Cúpula Geodésica (Fly's Eye), Snowmass, Colorado, 1965

Arquiteto
R. Buckminster Fuller

Dimensões do plano
8 m de diâmetro

Altura
6 m

Em 1965, foi concedida uma patente a Fuller referente às suas estruturas *Monohex-Geodestic*, que ele também chamou de Cúpula *Fly's Eye* (olho de mosca). Embora ainda com base em sua geometria geodésica, ele utilizou a configuração de pentágonos e hexágonos que lembra uma simples bola de futebol. Fuller então criou buracos (os olhos) nos pentágonos e hexágonos, deixando um componente de forma triangular para conectá-los. Combinado com esse desenvolvimento geométrico, Fuller também utilizou as propriedades do plástico reforçado com vidro (GRP) para criar saliências adicionais ao redor das aberturas. Essa dupla curvatura cria um componente de construção bastante forte.

5
Uma cúpula *Fly's Eye* de 8 metros de diâmetro, feita de 50 painéis de GRP, fixados em conjunto utilizando-se 2.000 parafusos de aço inoxidável

5

USA Pavilion (Pavilhão dos EUA), Montreal, Canadá, 1967

Arquitetos
R. Buckminster Fuller,
Shoji Sadao

Dimensões do plano
76 m de diâmetro

Altura
61 m

O pavilhão foi construído para a Montreal Expo de 1967 e consistia de três quartos de uma esfera geodésica, com dupla camada e estrutura de grelha formada por tubos de aço. A cúpula geodésica de Fuller utilizava originalmente 1.900 painéis de acrílico, que incorporavam seis toldos triangulares dentro de cada painel de seis lados, os quais abriam ou fechavam automaticamente em resposta ao movimento do sol em relação à estrutura. Essa notável estrutura ainda existe como um museu ecológico com vista para a cidade de Montreal. Curiosamente, ao se olhar para o equador (ou para o horizonte) da cúpula, se verá que as horizontais abaixo (em direção ao piso) são paralelas e com decréscimo da circunferência, enquanto que a geometria estrutural acima do equador é puramente geodésica.

6
Recente foto composta da cúpula de Montreal

7
Detalhe da cúpula Montreal mostrando a estrutura tubular de aço

6

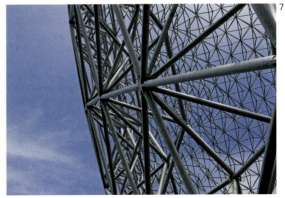
7

4.3.5
Palazzo del Lavoro (Palácio do Trabalho)

Descrição estrutural	Localização	Área	Arquitetos	Empreiteiro
Concreto armado e copa de aço em balanço	Turim, Itália	45.000 m² (25.000 m² no piso térreo)	Pier Luigi Nervi (1891–1979) e Antonio Nervi	Nervi & Bartoli
	Ano de conclusão 1961	**Altura das copas** 20 m		

Pier Luigi Nervi foi um dos maiores arquitetos/engenheiros/construtores da segunda metade do século XX. Trabalhou como engenheiro de estruturas e projetista em algumas colaborações notáveis, como a Pirelli Tower, com Giò Ponti (Turin 1955-6) e com Marcel Breuer na sede da UNESCO (Paris, 1955-8). São, no entanto, suas obras de autoria única ou suas colaborações com seu filho Antonio que permanecem como suas contribuições mais distintas no campo da arquitetura e da construção. O Palazzo del Lavoro é um desses projetos. É particularmente notável pela rapidez de sua construção que, em pouco mais de 11 meses, edificou 45.000 m² de espaço para exposições. O projeto de estruturas incomum, composto por 16 pilares/copas independentes, foi utilizado a fim de que o acabamento pudesse acontecer em concomitância com o trabalho estrutural – um critério que se revelou problemático em vista da estrutura do telhado.

Cada estrutura de telhado, ou copa em formato de cogumelo, mede 40 metros quadrados e 20 metros de altura. Os pilares em formato de cogumelo são moldados em seis seções verticais, com a forma de aço para cada seção subdividida em quatro moldes reutilizáveis que foram parafusados em conjunto. As juntas horizontais são claramente delineadas. A montagem de cada pilar durou dez dias. A forma geométrica de cada pilar se transforma de uma cruz de 5 metros de largura na base, para um perfil circular na parte superior, com um diâmetro de 2,5 metros. O acabamento da superfície dos pilares é mais bem elaborado devido a placas verticais colocadas próximas, dentro da forma. Originalmente, as estruturas de cobertura em formato de cogumelo foram concebidas em concreto, mas para a velocidade de construção, os elementos da cobertura foram pré-fabricados fora do local

de obra, como uma série de 20 elementos de aço com altura variável e radialmente dispostos em torno de um ponto central, parafusados no topo do pilar de concreto. Um espaço de 2 metros é deixado entre cada cobertura estrutural e um elemento envidraçado é introduzido a fim de que se obtenham janelas de teto – cobertura envidraçada criada ao estilo "Jean Prouvé" com batentes dobrados de chapas de aço, com ligações articuladas para permitir a expansão térmica. Além do piso principal de exposição interna, um mezanino envolve três lados, apoiado de modo independente em um grupo de pilares e com uma laje moldada in situ composta pelas inovadoras nervuras isotensionadas de Nervi.

Nervi, escrevendo seu livro *Structures* (Estruturas), explica que seu funcionário Aldo Arcangeli havia sugerido que as nervuras de uma laje de concreto deveriam seguir as linhas dos principais momentos fletores de uma estrutura. Essas linhas de isotensões foram tornadas visíveis pela tecnologia, relativamente nova para o período, da modelagem fotoelástica, na qual os padrões de tensão de um substrato claro tornam-se visíveis por meio de luz polarizada. Construindo um modelo de escala reduzida de uma estrutura feita em resina epoxídica clara, Nervi desenvolveu uma nova geometria e comportamento estrutural de um piso-laje de concreto. Ele aplicou, primeiramente, essa nova técnica na Usina de lã Gattim, em Roma (1951), onde 16 nervuras curvas ligam-se de volta ao topo do pilar em um padrão repetido, o que é muito bem reproduzido com o uso de formas de ferrocimento reutilizáveis – outro desenvolvimento tecnológico pioneiro de Nervi. No entanto, o engenheiro estrutural Matthew Wells, escrevendo o livro *Engineers: A History of Engineering and Structural Design* (Engenheiros: uma história de

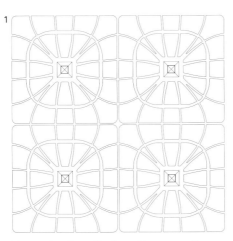

1
Planta do teto refletida, mostrando o leiaute prototipado das nervuras isotensionadas na fábrica de lã Gatti, em Roma (1951)

Engenharia e Projeto Estrutural), desconsidera amplamente as linhas de isotensão classificando-as como sem sentido e paradoxais, na medida em que, por refletir a ação estrutural na forma construída, afeta a ação estrutural originalmente modelada. Dado o papel de Nervi como projetista, essas observações parecem insignificantes, uma vez que a otimização estrutural foi talvez apenas um dos muitos fatores influenciando o conceito, a engenharia e a construção de seu trabalho. É importante notar que Nervi foi um construtor tanto quanto foi um arquiteto e um engenheiro e que parece improvável que, sem seu envolvimento direto – e de seu primo, o construtor John Bartoli – ele teria sido capaz de produzir formas tão estrutural e arquitetonicamente ambiciosas.

Pier Luigi Nervi também fez uma contribuição considerável para a indústria da construção por meio de novos processos de produção, incluindo pré-fabricação e inovações em materiais como o ferrocimento, que foi desenvolvido e patenteado por Nervi e Bartoli como um novo material de construção. O ferrocimento consistiu na utilização de uma forte mistura de argamassa de cimento, montada sobre uma densa camada de tela metálica. Material pioneiramente utilizado na construção naval na década de 1940, Nervi estava determinado a desenvolver uma tecnologia em concreto armado que pudesse dispensar o trabalho intensivo de formas de madeira para formas geométricas complexas. Isso, simultaneamente, aperfeiçoou o desempenho estrutural do material, criando o que Claudio Greco chama de 'um compósito mais homogêneo e eficiente'.[1] Trabalhando em conjunto com o Professor Oberti do *Politecnico di Milano*, os testes de Nervi em ferrocimento revelaram uma considerável melhora da resistência à tração do material em comparação com o concreto armado comum e a distribuição menos uniforme das armaduras de aço. O processo de Nervi para fabricação do ferrocimento também significou que as grandes e caras formas de madeira poderiam ser, em grande parte, dispensadas, uma vez que as finas telas de aço, densamente mergulhadas em uma matriz fibrosa, poderiam manter a sua forma, enquanto a argamassa de cimento fosse aplicada manualmente com espátulas. O ferrocimento foi utilizado em formas altamente detalhadas e reutilizáveis e, em uso próprio, em finos painéis cimentícios. Os projetos notáveis de ferrocimento incluem o protótipo projetado por Nervi e Bartoli de um edifício de armazenamento, Magliana (Roma, 1945), fabricado em painéis ondulados de ferrocimento de 30 milímetros de espessura, e a lancha *La Giuseppa*, construída em 1972, que, mais 40 anos depois, ainda continua em condições de navegar. A força de trabalho qualificada de Nervi e Bartoli foi também utilizada na pré-fabricação de componentes de construção. Utilizando os processos e técnicas das indústrias de pisos e de concreto, que eram empregados tanto na pré-fabricação quanto nos caso *in situ*, Nervi foi capaz de controlar a qualidade, o programa e os custos. Curiosamente, no *Palazzetto dello Sport* (Roma, 1957), ele empregou uma combinação de painéis de concreto trapezoidais pré-moldados (de vários tamanhos, com armaduras) com nervuras de concreto moldadas *in situ* entre eles, formando vigas de apoio para garantir um conjunto estruturalmente íntegro.

1 Greco, C., 'The "Ferro-Cemento" of Pier Luigi Nervi, The New Material and the First Experimental Building' in *Spatial Structures: Heritage, Present and Future*, anais do IASS International symposium 1995, June 5–9, 1995, Milan: S.G.E. Publishers, 1995, pp. 309–316

4	4.3	**4.3.5**
Estudos de caso	1950–1999	**Palazzo del Lavoro**
		(Palácio do Trabalho)

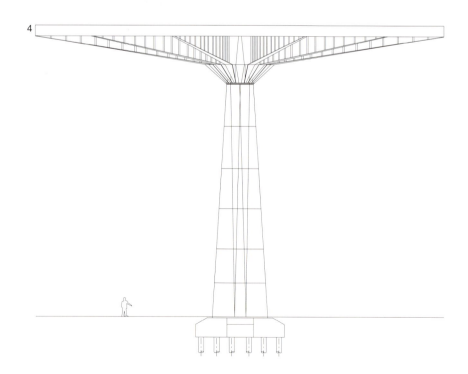

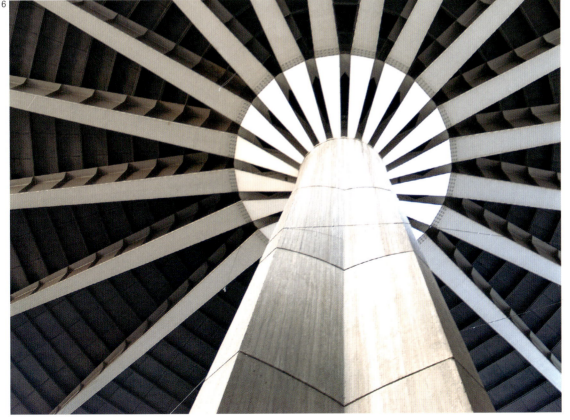

2
Vista recente do interior do Palazzo del Lavoro, mostrando as coberturas independentes em formato de cogumelo

3
Detalhe da forma do pilar e a transição de uma base em forma de cruz para um pilar com base circular

4
Elevação de uma das 16 coberturas em formato de cogumelo

5
Detalhe da parte superior do pilar e os elementos radiais de aço com altura variável

6
Detalhe da cobertura

4
Estudos de caso

4.3
1950–1999

4.3.6
Estruturas de concreto em casca, Suíça

Descrição estrutural
Cascas de concreto armado
Localização
Wyss Garden Centre/
Deitingen Süd Service
Station/Brühl Sports Centre
Solothurn, Suíça

Anos de conclusão
1962/1968/1982

Projetista do sistema
Heinz Isler (1926–2009)

Empreiteiro
Willi Bösiger AG

Durante um período de mais de 40 anos, o engenheiro suíço Heinz Isler criou um corpo de trabalho único. Seu material foi o concreto armado, com o qual ele construiu uma "biblioteca" de estruturas finas de concreto em casca, por meio de um processo intuitivo de busca da forma, juntamente com ferramentas de sua criação própria para análise, criação de modelos e de protótipos. Suas obras estão localizadas principalmente na Suíça, mas a qualidade dos projetos e seus métodos de trabalho únicos estenderam sua influência para bem mais longe.

O que é surpreendente quando se visita os projetos e as obras suíças de Isler é o quão bem estão conservados, com exceção do telhado da estação de serviço em Deitingen, que está estruturalmente intacto, mas com o qual a identidade corporativa da Companhia de Petróleo Internacional, que a ocupa, não se harmoniza. Seus edifícios de fábricas, centros esportivos e de jardinagem são claramente reconhecidos por seus enciumados donos, que valorizam a interessante fusão entre eficiência estrutural e do material e a forma altamente expressiva. Conforme conceitos estruturais autoilustrativos, essas delicadas membranas confirmam definitivamente a integridade estrutural das formas geométricas específicas, propriedades do material, gravidade e escala.

Os telhados de concreto em casca de Isler podem ser divididos, grosso modo, em três tipos principais: casca-bolha, casca de forma livre e casca de membrana invertida. A casca-bolha foi uma de suas primeiras inovações em termos de estruturas reais no desenvolvimento de cascas de grandes vãos. Inspirada na geometria de um travesseiro, Isler desenvolveu um equipamento de teste no qual ele poderia inflar uma membrana de borracha para formar uma espécie de estrutura em formato de travesseiro com dupla curvatura sob tração pura, que a lógica sugere que formaria uma casca de compressão, se invertida. O teste de Isler incluía revestir as estruturas infladas com gesso e, então, medir precisamente a curvatura da superfície, com seu próprio instrumento de medição, uma haste pontiaguda de aço, calibrada, realocável e capaz de medir com até um quinto de milímetro de precisão nas direções x, y e z. Quando questionado sobre a consistência dessa abordagem empírica para o desenvolvimento estrutural e de ensaios, Isler descreveu como os dados medidos seriam representados por uma série de perfis curvos bidimensionais, com quaisquer medições incorretas sendo mostradas claramente. Durante a modelagem estrutural da planta quadrangular das cascas-bolhas, Isler ficou surpreso ao descobrir que o carregamento estático das estruturas não foi distribuído uniformemente para as quatro bordas da casca, mas que 90% do carregamento total foi distribuído para os quatro cantos. Essa descoberta fez com que, posteriormente, as cascas-bolhas fossem empregadas para centenas de projetos, em sua maioria industriais, para grandes fábricas, para armazéns e para fins de transporte. As cascas normalmente têm vãos entre 15 e 40 metros, apresentando uma abertura circular em seu ápice para entrada de luz natural e ventilação e sendo revestidas com uma cúpula de plástico reforçado com fibras, também desenvolvida por Isler. Em perfil, essas estruturas apresentam uma viga de extremidade que funciona como uma calha e têm uma razão de 1:25 entre vão e altura. As aberturas circulares são reforçadas por um rebordo de aproximadamente 250 milímetros de profundidade, embora a principal casca estrutural tenha apenas 80 a 100 milímetros de espessura.

O outro tipo chave de casca de Isler que utiliza técnicas de busca da forma é a casca de membrana invertida, na qual uma membrana em suspensão ou uma grelha flexível é pendurada a partir de quatro

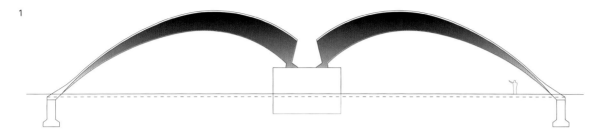

1
A seção transversal da casca de membrana invertida da Deitingen Süd Service Station

cantos, carregada e sujeita à gravidade. A forma tracionada resultante é então tornada rígida e virada de cabeça para baixo a fim de formar uma estrutura de compressão autosustentada. Isler usou muitas técnicas de modelagem para criar essas formas, incluindo tecido ensopado por gesso ou resina que era deixada para secar antes de se inverter a superfície para criação da estrutura de protótipo. Isler também descobriu outros dispositivos estruturais úteis no processo de busca da forma – e que se pendurando uma membrana de tecido a partir de quatro pontos definidos nos cantos, o material das bordas livres forma uma estrutura em viga ou arco, quando enrijecida e invertida. Um exemplo chave da técnica da casca de membrana invertida é o icônico projeto da Deitingen Süd Service Station, no qual há duas cascas triangulares idênticas (no plano) e apoiadas em três pontos, cada uma com 26 metros de largura, 32 metros de extensão com uma casca de compressão pura de concreto armado de apenas 90 milímetros de espessura. É importante observar a relação entre os pontos de apoio de tais estruturas e, para se evitar enormes e custosas fundações de lajes, os pontos de apoio são conectados com tirantes protendidos.

O terceiro tipo chave de estrutura em casca de Heinz Isler compreende o que ele chama de cascas em forma livre. Essas não são derivadas da busca da forma por inflamento ou de modelos caténarios de gravidade por suspensão – ou pela matemática, tais como as formas da paraboloide hiperbólica 'anticlástica' ou em formato de sela – mas por meio de um processo gráfico de interface cuidadosa entre raios e curvas compostas. O pavilhão do centro de jardinagem em Wyss é um dos primeiros exemplos de tal estrutura, de 1962. Com um vão de 24 metros, uma casca de apenas 70 milímetros de espessura é criada e tem quatro pontos de apoio. A fachada original envidraçada para esses edifícios foi apresentada a partir de uma série de esbeltos batentes protendidos. As bordas livres da casca são viradas para cima, para formar um tipo de arco enrijecido entre apoios e para direcionar a água da chuva para os cantos. A superfície externa da casca Wyss era, e é, pintada enquanto que a maioria das cascas de Isler não são. Isso foi primeiramente uma decisão estética, mas também um reconhecimento de que esse tipo de casca não é uma estrutura puramente de compressão e que podem surgir fissuras locais onde ocorrem áreas de tração, tornando a estrutura suscetível à água da chuva. O edifício possui quase 50 anos de idade e, apesar do sistema de envidraçamento ter sido remodelado, permanece em excelentes condições.

A importância da modelagem e dos ensaios continuados foi a chave para o sucesso dos projetos de Isler, assim como foi bastante relevante a equipe de construção ser altamente qualificada. A fabricação de uma casca de concreto requer uma grande quantidade de formas de madeira e serviço de carpintaria – um fato do qual Isler estava bem ciente. A fim de reduzir o desperdício, ele começou a utilizar painéis de palha de madeira como uma forma permanente e acabamento de interiores, o que proporcionou benefício tanto térmico quanto acústico. Ele também projetou forma de madeira laminada colada (MLC) reutilizável para produtos como as cascas-bolhas.

Uma das principais características do trabalho de Isler é que o processo de projeto, engenharia e construção dessas estruturas em casca ocorre todo sob seu controle e apenas o processo de criação de modelos e protótipos (algumas vezes em escala real) teria permitido a construção desses projetos únicos. A mais elegante ilustração de suas ideias, e certamente a mais efêmera, são as formas de gelo que ele construiu pendurando um tecido, que ele ensopou de água antes do inverno suíço completar o processo, formando delicadas cascas de gelo.

4	4.3	4.3.6
Estudos de caso	1950–1999	**Estruturas de concreto em casca, Suíça**

2
Casca do Wyss Garden Centre, quase 50 anos após sua construção

3
Detalhe da casca do Wyss, mostrando as bordas 'dobradas' em balanço que se projetam 3,5 metros no vão central

4
Detalhe do apoio de canto, moldado em forma de funil para escoamento das águas pluviais

146

5
Vista panorâmica da Deitingen Süd Service Station mostrando as duas cascas

6
Estrutura em casca na beira da estrada em Deitingen Süd

147

4	4.3	4.3.6
Estudos de caso	1950–1999	**Estruturas de concreto em casca, Suíça**

7

7
Solothurn Tennis Centre, mostrando uma baia das repetidas cascas do tipo 'membrana pendurada'

8
Detalhe de canto do Brühl Sports Centre, em Solothurn

148

9
Detalhe da conexão entre duas cascas no Brühl Sports Centre, Solothurn

10
Interior do Brühl Sports Centre, Solothurn, com telhado central retrátil

4
Estudos de caso

4.3
1950–1999

4.3.7
Monumento Jefferson National Expansion (Arco do portal de entrada)

Descrição estrutural
Arco catenário de membrana tensionada

Localização
St. Louis, Missouri, EUA

Ano de conclusão
1965

Dimensões do plano
192 m entre suportes de apoio ao nível de solo

Altura
192 m

Arquiteto
Eero Saarinen (1910–1961)
(Eero Saarinen and Associates)

Engenheiro
Hannskarl Bandel
(Severud-Perrone-Sturm-Bandel)

Fabricação e construção
Pittsburgh-Des Moines Steel Company

Apesar do primeiro projeto do Jefferson Memorial, de 1948, ter sido em parte uma inspiração subjetiva, foi também um golpe de sorte de funcionalismo estrutural racional: um arco catenário que, geometricamente, era tão previsível quanto um círculo.[1]
Allan Temko

Após a sua vitória na competição internacional de projetos, em 1947, a famosa carta de notificação ao vencedor foi enviada não a Eero Saarinen, mas a seu pai, o outro 'E' Saarinen: altamente aclamado arquiteto, Eliel. Uma vez resolvido esse engano, Eero definiu a montagem de uma equipe para projetar e construir esse monumento à expansão para o oeste nos Estados Unidos. Foi escolhida a consultoria de engenharia de estruturas de Severud-Perrone-Sturm-Bandel e um diretor desse escritório, Dr. Hannskarl Bandel, começou a trabalhar junto a Saarinen para desenvolver esse projeto. Bandel é tido como quem ajudou Saarinen a alcançar a geometria desejada do arco. Em um relato brilhante do processo de engenharia e de construção, um ex-colega de Bandel, Nils D. Olssen[2], explica como o desejo de Saarinen de utilizar uma curva catenária em forma de corrente suspensa se transformou quando Bandel analisou uma curva catenária a partir de modelos físicos de diferentes dimensões, o que alterou o perfil da forma desejada por Saarinen. Essas modelagens se mostraram extremamente úteis para o desenvolvimento de uma seção transversal triangular equilátera, prismática e com redução gradual de tamanho, com uma borda plana na parte de trás de cada perna do arco. Ao nível do solo, as pernas ficam a 192 metros de distância entre si, o que corresponde à altura visível do arco (acima do solo). A seção transversal externa do arco varia de 16,45 metros na base a 5,18 metros no ápice. Como estrutura, o monumento não é somente desafiador em sua geometria, mas também em seus materiais de construção, sua

montagem e tipo estrutural. A estrutura consiste em uma dupla camada de aço, mantida junta por nervuras internas, que formam um tipo de membrana tensionada ou estrutura semi-monocoque e dispensa qualquer estrutura adicional– de modo que essa não é uma estrutura revestida com aço; aqui, o revestimento é também a estrutura. A camada exterior foi fabricada com 6,3 milímetros de folha de aço inoxidável grau 304 e a camada interior com 9,5 milímetros de folha de aço-carbono. As duas pernas do arco foram construídos simultaneamente a partir de 142 seções pré-fabricadas. No local, guindastes de até 22 metros de altura içaram esses segmentos. Em seguida, usando guindastes especiais, foi montada a parte traseira de cada perna do arco, colocando cada segmento diretamente no seu devido lugar. Cada seção foi soldada, envolvendo muita habilidade decorrente da junta ser tão longa e inteiramente soldada, o que causou distorção local em função do calor. Conforme a construção continuou, o balanço de cada perna do arco foi aumentando e aos 162 metros de altura, uma treliça estabilizadora de 78 metros foi criada, utilizando-se os guindastes especiais, e mantida até que o arco se completasse. Os dois últimos segmentos do arco foram projetados para serem posicionados em seus lugares bem cedo pela manhã, quando a temperatura da estrutura estivesse estável. No entanto, quando foi noticiada essa ocasião monumental, o prefeito solicitou uma operação à luz do dia para que se pudesse gravá-la para a posteridade. Quando o sol bateu na estrutura, o movimento diferencial das pernas impediu que ocorresse a conexão final – o dilema só foi resolvido com a presença do corpo de bombeiros local, que resfriou a parte de trás do arco pulverizando água, o que fez com que cada perna do arco lentamente chegasse à posição correta.

Como curiosidade, o vazio entre a camada de aço interna e externa do arco foi preenchido com concreto armado até uma altura de 91 metros; acima desse nível, foram empregados enrijecedores de aço. Essa massa de concreto foi utilizada para evitar oscilação e assegurar que a linha de empuxo fosse direcionada para as fundações com 18 metros de profundidade, ao invés de empurrar as pernas do arco para fora. O concreto também auxilia para evitar a instabilidade. Essa técnica também foi utilizada nos pilares muito delgados desregradamente angulados da Will Alsop's Peckham Library (Londres, 2000), que foram bombeadas com concreto após terem sido posicionados. Em fotografias, o Jefferson Memorial é uma impressionante peça de aço. No entanto, o que pode não ser imediatamente óbvio é que o arco pode ser visitado interiormente, na melhor tradição de tais edifícios – incluindo a Torre Eiffel, a Estátua da Liberdade (Projetada por Eiffel) e o London's Great Fire 'Monument'. Bandel disse a Olssen que esse era o verdadeiro triunfo de engenharia nesse projeto, não muitos dispositivos de transporte vertical levam o visitante para cima, em um interior prismático de proporções similares às de uma casa de boneca, com janelas a partir das quais é possível vislumbrar o leste, até o poderoso Rio Mississipi, e o oeste até St. Louis e além. Ao nível do solo, há dificuldade de se enxergar essas janelas de observação. Um sistema elétrico, especialmente elaborado pelo especialista em elevadores, Dick Bowser, compreendendo cápsulas de aço com capacidade para cinco pessoas em um circuito contínuo do tipo "paternoster", faz a ligação entre o museu subterrâneo (dentro da laje) e o topo do edifício. As pernas do arco também têm um elevador de serviço e escadas de saída de emergência.

1 Temko, A., *Eero Saarinen*, New York: George Braziller Inc., 1962, p. 42
2 Olssen, N. D., 'Jefferson National Expansion Memorial (The Saint Louis Arch)' in *Spans* (The Quarterly Newsletter of Inspired Bridge Technologies), terceira edição, julho de 2003, pp. 1–3

1
O arco St. Loius fotografado à noite

2
Vista, do nível do solo, do arco de aço inoxidável, que mostra a seção transversal triangular afilada. Observe as linhas de painel, indicando a construção com chapas de aço

3
Uma ilustração produzida com o CADenary tool v2, um programa de modelagem catenária virtual desenvolvido pelo Dr. Alex Kilian

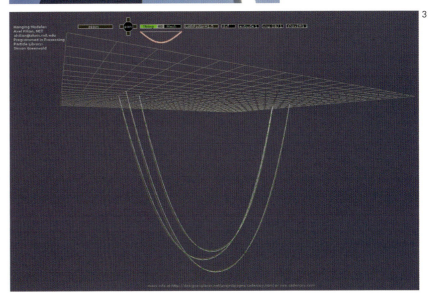

4
Estudos de caso

4.3
1950–1999

4.3.8
Sistemas Maxi/Mini/Midi

Descrição estrutural
Estruturas de aço pilar-treliça

Localização
Suíça

Ano de conclusão
Vários (1962 – 2000)

Dimensões do plano
Várias

Arquiteto e sistema de projeto
Fritz Haller (1924 –)

O arquiteto autodidata suíço, Fritz Haller, produziu três notáveis sistemas construtivos com aço, mas curiosamente é mais conhecido pelo sistema de mobiliário projetado por ele para a USM. Esses sistemas estruturais, alguns datados da década de 1960, são sistemas 'abertos', altamente eficientes, adaptáveis e também estruturalmente inovadores.

Os três distintos sistemas construtivos em aço de Haller são: o sistema Maxi, para estruturas térreas com grande vãos; o Midi, para estruturas com vãos médios, de múltiplos andares e com muitos dispositivos para utilidades; e o sistema Mini para estruturas com pequenos vãos, com um ou dois andares. A fábrica USM em Münsingen utiliza o sistema Maxi, mas toda a instalação foi um projeto continuado entre a USM e Haller, com sete fases de construção e expansão entre 1962 e 2000. O sistema Maxi (1963) é o mais universal e deliberadamente aberto: são pilares com as faces externas formadas por quatro cantoneiras laminadas, conectadas a certa distância por meio de chapas, apoiados em uma base em uma grelha de 14,4 metros. Grandes treliças, também fabricadas com cantoneiras, são fixadas em pilares de seção cruciforme que encabeçam a estrutura. O sistema é projetado para ser reconfigurado e facilmente desmontável, e um conciso pálete

de acabamentos de teto e sistemas de revestimento – opaco, envidraçado, fixo ou móvel – completa a fachada do edifício. A configuração dos pilares é de particular interesse estrutural uma vez que a estabilidade lateral é absorvida nas conexões a momento. Além disso, os pilares abertos podem incorporar as utilidades verticais quando necessário. Visualmente, o efeito é mais transparente do que o esperado. A dimensão do pilar no sistema Maxi é coerente, desde as bordas até os suportes internos (apesar das diferentes condições de carregamento), com o intuito de manter a máxima flexibilidade para uma futura expansão ou reconfiguração desses edifícios inicialmente industriais.

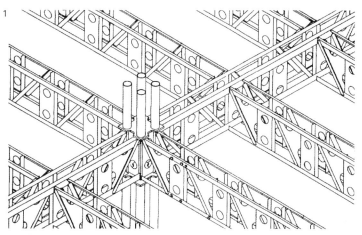

1
Fragmento de um desenho da patente de uma variação do sistema Midi, 1977

O segundo sistema de Haller foi o Mini (1968), que tem sido utilizado para residências particulares, pequenas salas de aula e pavilhões. Projetado para estruturas de um e dois andares com vãos de 6 – 7,2 metros, esse sistema usa uma mistura de componentes, incluindo perfis tubulares quadrados de aço e elementos personalizados formados a partir de chapas de aço personalizadas por meio de dobramento. Pode ser comparado ao trabalho de Jean Prouvé, a quem Haller conhecia, particularmente no uso de componentes formados por chapas dobradas estampadas (prensadas), que são consideravelmente leves em relação aos de perfis laminados do sistema Maxi e foram especificamente projetados para facilitar a montagem, o desempenho estrutural e as utilidades. Os pilares/batentes formados por chapas dobradas (projetadas para resistir às tensões de cisalhamento) trabalham tanto na condição linear de suportar uma parede, quanto na condição de canto, inteligentemente contornando o canto em virtude da forma de seu perfil. As vigas são formadas a partir de finas chapas de aço dobradas e casteladas para reduzir peso e passagem de utilidades; as vigas também incorporam abas triangulares adicionais dobradas a partir da mesa, para apoiar um forro ou teto. O sistema Midi (1976) é, sem dúvida, o mais aprimorado dos produtos arquitetônicos de Haller e combina o uso de chapa dobrada e componentes estampados (prensados) de metal com a utilidade da regularidade dos perfis laminados de aço. Projetado com um módulo planejado de 2,4 metros, esse é o sistema mais aberto e pode ser usado em construções de vários andares. Configurações de grelhas de 9,6 metros x 9,6 metros e 7,2 x 7,2 metros, ou uma mistura delas, são possíveis empregando pilares realocáveis em qualquer lugar da grelha. O dobramento dos banzos superiores e inferiores da treliça e os travamentos verticais formam um projeto ímpar de treliça. A treliça é então enrijecida com um componente especialmente fabricado de aço dobrado e estampado, que liga todas as quatro cantoneiras aço dos banzos da treliça, criando assim uma forte conexão lateral que também suporta a torção. O sistema Midi tem sido utilizado em escolas, escritórios e outros edifícios comerciais e exemplifica uma alta coordenação geométrica e dimensional, necessária às utilidades e manutenção, aos apoios e localização das múltiplas divisórias internas facilmente adaptáveis e às ligações simples para a cobertura e sistemas de fechamento. Com as mudanças legislativas e regulamentares nos requisitos de desempenho térmico, tanto o sistema Maxi quanto o Mini sofreram mudanças estruturais. No entanto, apesar da aposentadoria de Haller, o sistema Midi continua sendo usado para novos projetos, com novos esquemas coordenados pela 2bm *architekten*.

Curiosamente, não se observará nenhum travamento em "X" em grande escala em um projeto de Haller, uma vez que a estabilidade lateral é absorvida pelas ligações a momento e nas vigas e pilares "abertos". A ausência de travamento em "X" visíveis permite que o sistema estrutural permaneça suficientemente 'aberto' para permitir modificações, extensões ou substituições sem dificuldades, algo possível devido à ausência de interdependências das estruturas.

4
Estudos de caso

4.3
1950–1999

4.3.8
Sistemas Maxi/Mini/Midi

2
Fábrica USM: interior da fábrica mostrando os escritórios administrativos, Münsingen, Suíça

3
Detalhe de um pilar do sistema Maxi na aresta do edifício, Fábrica USM, Münsingen, Suíça

4
Edifícios circulares de alojamento SBB, utilizando uma versão circular do sistema Midi, Löwenburg, Murten, Suíça, 1982

5
Sala de aula temporária utilizando o sistema Mini, Solothurn, Suíça

6
Residência privada utilizando o sistema Mini, 1967, Solothurn, Suíça

4
Estudos de caso

4.3
1950–1999

4.3.9
Estruturas *Tensegrity*

Descrição estrutural
Estrutura *tensegrity* de torre de cabo de aço e tubos de alumínio

Localização
Kröller-Müller Museum, Otterlo, Países Baixos

Ano de conclusão
1969

Altura
30 m

Dimensões do plano
6 m x 6 m

Artista
Kenneth Snelson (1927 –)

A antiga invenção da tecelagem revela de forma direta as propriedades básicas e universais da estrutura natural, tais como modularidade, simetria helicoidal à esquerda e à direita, e geometria elementar das estruturas... Tecelagem e *tensegrity* compartilham o mesmo princípio de base de alternância de direções helicoidais; da esquerda para a direita; de desvios no sentido horário ou anti-horário.[1]
Kenneth Snelson

Durante os verões de 1948 e 1949, Kenneth Snelson foi um estudante na singular experiência educacional que foi a Black *Mountain College*, na Carolina do Norte, EUA, cujo quadro de funcionários incluía o compositor John Cage, o dançarino e coreógrafo Merce Cunningham, o pintor Willem de Kooning e (o mais importante para Snelson) o sábio Richard Buckminster Fuller, para quem Snelson começou a fazer modelos para uso nas aulas de Fuller. Durante seu tempo como estudante, Snelson desenvolveu e formalizou a inovação da estrutura *tensegrity* ou, como Snelson prefere, 'estrutura de tração contínua e de compressão descontínua',[2] de modo que os elementos de compressão de uma determinada estrutura não se tocam e são mantidos no espaço por elementos de tração separados (cordas, fios ou cabos). Houve, posteriormente, muita discordância sobre a propriedade intelectual dessa descoberta da engenharia, mas ambos, Fuller e Snelson, registraram patentes relacionadas às estruturas *tensegrity*, com Fuller inventando a palavra '*tensegrity*', formada a partir das palavras tração (tension em inglês) e *integrity* (integridade), como um substantivo associado a seus projetos. '*Tensegrity*' foi incluída no *The Oxford English Dictionary* em 1985.

O interesse estrutural em *tensegrities* é mais do que uma curiosidade vernacular, uma vez que a descontinuidade das forças de tração e compressão cria uma enorme integridade estrutural com uma eficiência material ainda mais notável, certamente fazendo mais com menos e apresentando um modelo muito útil do que Snelson chama de 'forças tornadas visíveis'.[3] Dentro dos mundos da arquitetura e da construção, exemplos de estruturas *tensegrity* são, até agora, relativamente limitados em número. Embora a aplicação de *tensegrity* na ponte *Kurilpa*, em Brisbane, Austrália seja impressionante, esse caso pode não ser o mais elegante exemplo da eficiência estrutural de uma *tensegrity*. Kenneth Snelson tem trabalhado como artista plástico desde a década de 1950 e é, por meio de suas maquetes e esculturas, o proeminente comunicador do potencial da estrutura *tensegrity* em todas as suas formas e configurações e em diferentes escalas. Seus trabalhos notáveis incluem *Easy Landing* (Baltimore, MD, 1977), que é uma escultura horizontal apoiada em três pontos e em balanço em cada extremidade; suas esculturas *Needle Tower I e II* (Washington and Otterlo, 1968 and 1971), que são pilares de seção variável feitos de 24 módulos em compressão progressivamente menores; e sua *Rainbow Archsculpture* (coleção particular, 2001), que cria um arco em semicírculo usando módulos similares de três componentes. Na Needle Tower II, Snelson usa repetidamente uma configuração geométrica de 24 tensegrities de quatro apoios, mas com cada um dos módulos em escala decrescente. O efeito é fazer a torre parecer ainda mais alta do que sua considerável altura de 30 m. Os módulos no topo da torre mais se assemelham às suas esculturas estruturais de menor escala, enquanto que o módulo de base usa elementos do mesmo porte utilizado na construção de edifícios, nenhum deles aparentando ter sofrido qualquer tipo de desgaste ou fadiga desde a sua instalação há mais de 40 anos.

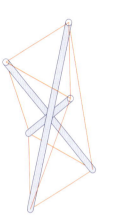
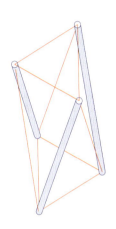

1
Needle Tower II, Museu Kröller-Müller, 1969

2
Needle Tower II, durante a limpeza anual, 2011

3
Dois arranjos de uma estrutura *tensegrity* simples de três apoios, em que as escoras comprimidas (e, assim, as forças) são ligadas e mantidas afastadas pelos fios tracionados

Se Snelson ampliou as possibilidades estruturais por meio da escultura, então o experimento reflexivo de Fuller acerca do potencial de tais estruturas é igualmente inspirador. Meditando sobre as qualidades estruturais do raio e do aro da roda da bicicleta, pareceu para Fuller que esse tenha sido talvez o exemplo mais onipresente da 'integridade tensional na qual a tração era primária e abrangente, enquanto a compressão era secundária e local'.[4] Fuller viu a possibilidade de aplicação dos princípios da *tensegrity* em várias escalas e postula a ideia de substituir as barras comprimidas da roda, por estruturas *tensegrities* em miniatura, e as barras comprimidas da roda dentro da miniatura seriam substituídas por barras *tensegrities* ainda menores e assim sucessivamente até que se atingisse o tamanho molecular. 'Nessa fase de miniaturização local, a inerente compressão descontínua e tração contínua da estrutura atômica não sólida coincidiriam com o complexo princípio estrutural global de toda a série de barras tensegrities, umas no interior das outras, eliminando assim quaisquer outras exigências do agora completamente obsoleto conceito de qualquer coisa "sólida"'.[5] O biólogo celular e diretor fundador do Instituto *Wyss*, Don E. Ingber, fez a ligação entre as estruturas *tensegrity* de Snelson e as células vivas, e afirma: 'Uma assombrosamente grande variedade de sistemas naturais, incluindo átomos de carbono, moléculas de água, proteínas, vírus, células, tecidos e até mesmo os seres humanos e outros seres vivos são construídos usando uma forma comum de arquitetura conhecida como *tensegrity*'[6]. Ingber resume as características operacionais das *tensegrities* assim: 'Estruturas *Tensegrity* são mecanicamente estáveis, não por causa da força dos membros individuais, mas devido ao modo como a estrutura inteira distribui e equilibra as tensões mecânicas'[7]. Assim, embora esse princípio estrutural seja uma técnica raramente aplicada na indústria da construção, a sua inerente força e potencial leveza oferecem enormes possibilidades nas áreas de engenharia de estruturas, arquitetura e muitas outras.

1 http://www.kennethsnelson.net/icons/struc.htm (acessado em 20.9.12)
2 Heartney, E., *Kenneth Snelson: Forces Made Visible*, Lennox, MA: Hard Press Editions, 2009, p. 22
3 Op. cit., p. 9
4,5 Krausse J., and Lichtenstein C., *Your Private Sky: R. Buckminster Fuller*, Zürich, Lars Müller Publishers, 2001, p. 232
6,7 Ingber, D. E., 'The Architecture of Life' in *Scientific American*, Janeiro 1998, pp. 48–57

4
Estudos de caso

4.3
1950–1999

4.3.10
Cobertura do Estádio Olímpico de Munique

Descrição estrutural
Rede de cabos apoiada em mastros

Localização
Munique, Alemanha

Ano de conclusão
1972

Área da cobertura
34.500 m²

Altura do mastro mais elevado
80 m

Arquiteto
Günter Behnisch (1922–2010) com Frei Otto (1925 –)

Engenheiros
Fritz Leonhardt, Jörg Schlaich e Heinz Isler

Frei Otto não apenas considera desejável a natureza temporária de suas estruturas de membranas, mas também admite que suas objeções a fazer arquitetura se originaram em sua relutância em preencher a superfície da Terra com edifícios duradouros. Ele hesita em seguir um projeto, a menos que tenha certeza de que sua realização será temporária o suficiente para não ficar no caminho do homem. Esse endosso da obsolescência contradiz a visão tradicional da arquitetura como um cumprimento da necessidade do homem por monumentos. Mesmo assim, como construções vernáculas de todos os períodos provam, o valor artístico não é vinculado à durabilidade de uma estrutura, nem à preciosidade de seu material. Por outro lado, a provisoriedade não significa improvisação, como é evidente a partir da quantidade de pesquisas investidas em cada estrutura leve.[1]
Ludwig Gläser

Diante do exposto, parece contraditório que esta obra mais célebre de Frei Otto já não pertença mais à categoria de estruturas temporárias ou efêmeras, tendo sido designada em 2000 como monumento e patrimônio nacional. Pode ser interessante notar que Otto não esteve envolvido na participação vencedora de Günter Behnisch na competição de 1967, embora o projeto e a tecnologia tenham sido claramente influenciados por pelo pavilhão da Alemanha Ocidental projetado por Rolf Gutbrod e Otto para a Montreal Expo, em abril de 1967. Quando a viabilidade técnica do concurso foi posteriormente colocada em questão, Frei Otto foi contactado por Behnisch e, trabalhando em seu IL (Institute of Lightweight Structures), em Stuttgart, Otto desenvolveu a forma final para a cobertura do estádio.

Essa estrutura colossal de cobertura consiste em nove redes anticlásticas' (ou em formato de sela) interligadas, compostas de cabos curvos, apoiadas em mastros tubulares soldados de aço de até 80 metros de altura e com uma capacidade resistente de 50.000 quilonewtons. Os mastros, que perfuram a membrana da cobertura, estão posicionados atrás dos espectadores, na parte traseira oeste da arquibancada, e suportam, ou 'levantam', a membrana da cobertura em dois pontos com cabos suspensos. A borda frontal da cobertura é mantida tensa por um cabo contínuo, distendido através da estrutura e ancorado ao norte e ao sul do estádio. Os desafios técnicos de um projeto inovador como esse foram numerosos – não menos importante era lidar com as enormes forças de tração na rede de cabos para mantê-la no lugar. As duas maiores forças de tração na borda frontal, com protensão de até 50.000 quilonewtons, foram resistidas por encaixes inclinados em fundações com ancoragem por gravidade, formadas por pesadas paredes diafragmas de concreto, utilizando geometria e massa para se opor às forças de tração. Em outros lugares do estádio, foram usadas ancoragens de piso para resistir às forças de tração, uma tecnologia não experimentada na Alemanha naquele tempo. As superfícies das redes de cabo eram formadas por uma malha retangular de cabos entrançados de 11,5 ou 16,5 milímetros

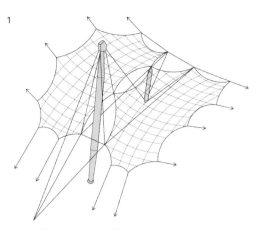

1 Diagrama da cobertura de duas baias do Estádio Olímpico de Munique mostrando como a superfície anticlástica da cobertura foi criada com uma rede de cabos apoiada em mastros e protendida para baixo na parte de trás, com a extremidade livre suportada por um cabo longitudinal tracionado

de diâmetro. As dimensões da malha eram de 750 milímetros; no entanto, Otto não estava feliz com isso, argumentando que uma malha de 500 milímetros seria consideravelmente mais segura durante a construção. Os cabos foram fixados com grampos de alumínio nas intersecções, o que lhes permitia girar em relação um ao outro quando puxados para atingir a configuração final. Os cabos das bordas e as principais linhas de apoio são todos de 80 milímetros de diâmetro, com a borda frontal constituída de um pacote desses elementos ligados entre si em 'braços' de aço fundido. A rede de cabos foi afinal revestida por painéis acrílicos de 3 metros x 3 metros x 4 milímetros de espessura fixados por conectores flexíveis de neoprene nos nós de intersecção dos cabos. As ligações entre os painéis foram seladas por uma tira de neoprene presa às bordas dos painéis. As tiras de proteção climática são, curiosamente, um dos mais visíveis delineadores da forma estrutural, embora não sejam elementos estruturais. O projeto original havia estudado o revestimento da rede de cabos com uma membrana de PVC, madeira ou até mesmo em finos painéis de concreto pré-moldado. Otto construiu posteriormente estruturas de rede de cabos inteiramente revestidas por vidro.

Frei Otto desenvolveu estruturas de redes de cabo pela primeira vez na década de 1960, quando seu trabalho com estruturas de tecido começou a se tornar limitado pela resistência à tração de um determinado substrato. Ao desagregar as forças de tração em uma trama com menos fibras, mas mais resistentes (normalmente cabos de aço), Otto pode conseguir estruturas consideravelmente maiores, que foram as primeiras seriamente prototipadas na Montreal Expo, em 1967. A rede de cabos forma uma malha estrutural, que é então revestida - no caso de Montreal, quase completamente em tecido. As redes de cabos certamente não são a única inovação estrutural de Frei Otto, que foi o pioneiro no uso de tensoestruturas em tecido e desenvolveu um conjunto formidável de estruturas pneumáticas e em formas de árvore. Particularmente impressionantes sobre o seu trabalho são as técnicas de busca da forma que ele desenvolveu para modelar essas estruturas até então inimagináveis. Em particular, Otto desenvolveu modelagem em bolha de sabão, na qual finos meniscos de uma película de sabão encontram sua forma dentro de uma estrutura geometricamente delineada. Esse tipo de protótipo nasceu da observação atenta de Otto da natureza e dos processos naturais de uma forma que antecede o desenvolvimento da engenharia biomimética, na qual engenheiros definem soluções por meio do estudo de processos naturais (humanos, naturais e orgânicos)

Os trabalhos experimentais de Otto, realizados com alunos do IL (Instituto de Estruturas Leves) em Stuttgart, são particularmente bem relatados nos documentos do IL, uma série de livros publicados entre 1969 e 1995, que investiga propriedades específicas geométricas, estruturais e dos materiais. Essa substancial pesquisa é única, em que as ambições de trabalho não são nem exclusivamente de engenharia, nem de projeto, mas uma síntese dos dois.

O Estádio Olímpico de Munique continua a ser um feito notável, que deve ter parecido surpreendente há 40 anos. Frei Otto continua a ser uma das poucas figuras cujo interesse em inovação estrutural e em experimentação supera suas ambições como construtor. Em uma palestra na Architectural Association ao final da década de 1990, Otto explicou a um entrevistador que, devido à natureza de suas construções – que podem ser uma tenda ou um inflável – ele nunca teve certeza da localização ou do número das construções de Frei Otto existentes no planeta em dado momento.

1 Gläser, L., *The Work of Frei Otto*, Nova York: MoMA, 1972, p.10

4	4.3	**4.3.10**
Estudos de caso	1950–1999	**Cobertura do Estádio Olímpico de Munique**

2
Estádio Olímpico de Munique: vista da arquibancada principal

3
Detalhe de mastro tubular de aço sob compressão na parte traseira do estádio

4
Cobertura da parte traseira do estádio principal

5
Detalhe da malha de cabos e dispositivo da ligação em policarboneto

6
A cobertura apoiada por cabos que incorpora a plataforma de holofotes. As visitas ao estádio incluem um passeio à beira da cobertura

7
O elemento tracionado da extremidade da cobertura compreende um conjunto de dez cabos entrançados e separados de aço

5

6

7

4
Estudos de caso

4.3
1950–1999

4.3.11
Cúpulas Bini – forma inflável

Descrição estrutural
Cúpula de concreto armado, utilizando forma inflável

Localização
Killarney Heights, New South Wales, Austrália

Ano de conclusão
1973

Altura
5,5 m

Dimensões do plano
18 m de diâmetro

Projetista do sistema
Dr. Dante Bini (1932 –)

Arquitetos
Departamento de Obras Públicas de New South Wales com o Dr. Dante Bini

Engenheiros
Taylor, Thompson and Whitting Consulting Engineers com Dr. Dante Bini

Por mais de 45 anos, o arquiteto italiano Dr. Dante N. Bini tem dedicado sua vida profissional ao desenvolvimento do que ele chama de "tecnologias de construção automatizadas". Em 1965, em Bolonha, Itália, ele construiu uma estrutura hemisférica de concreto em casca de 12 metros de diâmetro e 6 metros de altura, em três horas, utilizando apenas a forma pneumática de um balão gigante. Esse primeiro protótipo teve, no entanto, alguns problemas iniciais, particularmente a distribuição desigual do concreto molhado causada por uma imprevisível inflagem (assimétrica). Os ajustes foram feitos e, em 1967, na Columbia University, Nova York, Bini demonstrou em duas horas a construção de outra casca Bini em grande escala. Para esse primeiro protótipo dos Estados Unidos, Bini utilizou uma complexa teia de "molas" helicoidais com armaduras de aço rosqueadas pelo meio, o que permitiu uma inflagem geometricamente controlada e assim, uma distribuição uniforme de concreto ao longo da estrutura em casca. Para essa demonstração e para as posteriores estruturas em casca Bini, uma membrana externa adicional foi também utilizada, o que permitiu a posterior vibração e compactação do concreto, pós-inflagem. Mais de 1.500 cascas Bini foram construídas em todo o mundo entre 1970 e 1990, com diâmetros entre 12 e 36 metros e com uma seção elíptica variável.

Menos interessado na busca da forma experimental das elegantes cascas europeias do engenheiro suíço Heinz Isler, Bini estava preocupado com uma maneira de o processo de construção em si se aprimorar e um modo de um recurso tão leve e barato quanto o ar poder ser utilizado na indústria da construção. Estruturas de concreto em casca como as de Isler e Félix Candela são estruturalmente eficientes e enclausuram enormes volumes com uma pequena quantidade de material, mas a fabricação da forma necessitava de uma grande força de trabalho semiespecializada no local. A forma inflável de Bini, ou a "Pneumoforma", erradica a necessidade de uma equipe de campo tão grande e permite mais construção em alta velocidade.

A sequência de fabricação envolve primeiramente a construção de uma viga em anel e de uma laje de piso. A viga em anel habilmente contém um espaço vazio em formato oval, que conterá um tubo inflável separado para segurar a membrana principal em seu lugar durante a inflagem, assim como as entradas e saídas de ar. A "pneumoforma" interna de neoprene reforçado com nylon é colocada sobre a laje e fixada nas extremidades; além disso, uma rede complexa de molas helicoidais entrecruzadas é esticada sobre o diâmetro da base circular da laje. As molas não possuem função estrutural específica, mas controlam a distribuição das armaduras de aço, que estão posicionadas entre as molas, e mantêm também uma espessura uniforme do concreto, uma vez que asseguram o posicionamento do conjunto no local correto. Estando as armaduras posicionadas, o concreto é derramado. Uma mistura de concreto comum é utilizado, com pequenas quantidades de retardantes e plastificantes

1–4
Construção da casca Bini na escola pública Killarney Heights, New South Wales, Austrália, 1973

5
O edifício completo

adicionadas para estender a trabalhabilidade da mistura para duas ou três horas. Após o derramamento, uma membrana externa de PVC é colocada sobre o concreto úmido, o que ajudará a controlar a evaporação durante o processo de fixação e permitirá a vibração do concreto. O processo de inflagem então começa, utilizando-se sopradores de baixa pressão, e dura aproximadamente uma hora; a pressão é regulada por intermédio do controle de saída de ar para manter um enchimento uniforme. Quando a casca está totalmente inflada, o concreto é vibrado utilizando-se carrinhos de rolamento pendurados por cabos presos na parte superior da estrutura. A pressão de ar interna é mantida por dois a três dias, dependendo do diâmetro. Para uma cúpula de 36 metros de diâmetro, a espessura da casca comp+leta é de 125 milímetros na base e de 75 milímetros na coroa.

Fundamental para o sucesso dessa técnica de construção inovadora e estrutural foi o projeto do sistema e o programa de construção rápida. Bini projetou a cúpula de 18 metros de diâmetro para a escola pública Killarney Heights, em New South Wales, a ser construída (com fundações já posicionadas) em 12 dias. No décimo dia, a membrana coberta por concreto foi inflada e posteriormente vibrou livre de bolsas de ar, com os inovadores veículos guiados (descritos acima). No 12° dia, a casca de concreto armado estava suficientemente estável para se iniciar o processo das aberturas para entradas, janelas e ventilação.

163

4.3.12
Museu de Arte Contemporânea de Niterói (MAC–Niterói)

Descrição estrutural
Cúpula em balanço

Localização
Niterói, Rio de Janeiro, Brasil

Ano de conclusão
1996

Dimensões do plano
50 m de diâmetro no nível do teto

Altura
16 m

Arquiteto
Oscar Niemeyer (1907–2012)

Engenheiro
Bruno Contarini

Oscar Niemeyer estava nos seus oitenta anos quando projetou o Museu de Arte Contemporânea de Niterói (MAC–Niterói), com seu engenheiro colaborador de longa data, Bruno Contarini.

O edifício consiste em três andares construídos dentro de uma cúpula em balanço sobre uma base cilíndrica. A base surge de um espelho d'água e o acesso à cúpula é feito através de uma rampa sinuosa. O edifício é construído em concreto armado e utiliza três placas circulares de piso que variam de 36 a 40 metros de diâmetro e são apoiadas em um cilindro central de 9 metros de diâmetro. As placas de piso empregam vigas protendidas que repousam sobre pilares de 50 centímetros de diâmetro.

Cada folha das setenta placas de 18 milímetros de espessura em vidro triplo tem 4,8 metros de altura e 1,85 metros de largura. Emolduradas por barras de aço e com uma inclinação de 40 graus em relação ao plano horizontal, elas podem suportar uma carga equivalente a 20 pessoas.

A estrutura foi concebida para suportar um peso equivalente a 400 quilogramas-força por metro quadrado e ventos de até 200 quilômetros por hora. Ela consumiu 3,2 milhões de metros cúbicos de concreto.

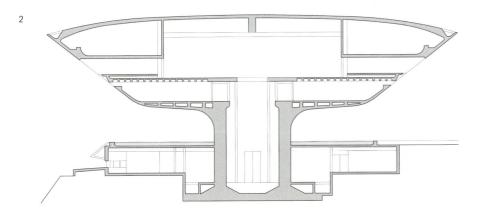

1
Museu de Arte
Contemporânea de Niterói
(MAC–Niterói)

2
Seção transversal através do museu

3
Detalhe da base central cilíndrica e o espelho d'água

4
Vista interior visualizando a Baía de Guanabara

4
Estudos de caso

4.3
1950–1999

4.3.13
Vidro Estrutural

Descrição da estrutura
Estruturas de vidro que
suportam carregamentos

Localizações
Várias

Anos de conclusãos
1990 – 1997

Engenheiro
Tim Macfarlane (1954 –)

O vidro não é mais um item apenas ornamental... mas tornou-se um elemento estrutural.[1]
Fazlur Khan

No início dos anos 1990, houve uma revolução silenciosa na maneira como o vidro era empregado na arquitetura como um material estrutural. Esse aumento das aplicações do vidro não foi limitado ao fino revestimento da camada externa do edifício – estruturado em madeira, aço ou alumínio – mas cada vez mais se estendeu aos vidros não estruturados e, finalmente, para o envidraçamento estrutural com nenhum suporte além das laminações trabalhadas de vidro e da mágica do silicone estrutural. Na vanguarda dessas novas abordagens para a arte, para a arquitetura e, especificamente, para a engenharia desses projetos experimentais e inovadores estava o engenheiro estrutural Tim Macfarlane, da Dewhurst Macfarlane Consulting Engineers.

Por meio de uma série de projetos pequenos, porém icônicos, em estreita colaboração com arquitetos como Rick Mather, Eva Jiricna e Ohlhausen DuBois Architects, Macfarlane ajudou a mudar a maneira pela qual o vidro era classificado enquanto material estrutural e redefiniu o potencial de engenharia desse maravilhoso substrato. Ele compara esse processo a "fazer as regras à medida que se avança" de tal maneira que as propriedades estruturais e as expectativas de desempenho do material não foram completamente codificadas pelas pesquisas estruturais. Macfarlane também traça paralelos com a proliferação e a maravilhosa diversidade de usos do concreto armado, desde que arquitetos e engenheiros começaram a testar os limites desse novo material no começo do século XX. De Maillart, a Luigi Nervi e Félix Candela (para citar apenas três), esses "artistas das estruturas" não estavam lendo livros de regras, mas escrevendo-os, cada um à sua maneira altamente individualizada e para variadas situações programáticas. Após esse florescimento de diversas e intrigantes abordagens de engenharia, Macfarlane sugere que uma espécie de Fordismo tomou conta e a eficiência industrial tendeu à padronização e à limitação das possibilidades. Com a indústria menos propensa a "se arriscar" e mais inclinada a agir de um modo autoprotecionista, as possibilidades eram limitadas por padronização das propriedades estruturais ligadas ao relativo sucesso econômico dos métodos conhecidos de construção.

A confiança em um modelo matemático para criar um projeto é apenas uma abordagem e Macfarlane afirma: "A matemática nunca me levou a uma solução, mas ajudou a determinar como representar a solução."[2] Macfarlane também acrescenta que o conhecimento completo de um material e de suas propriedades são praticamente insondáveis e, portanto, as possibilidades e estratégias estruturais não devem ser limitadas por nossa própria experiência.

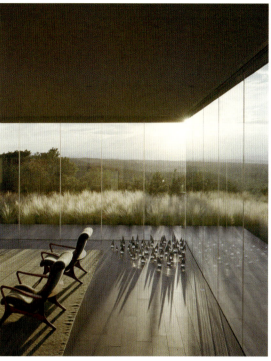

1
A Residência Klein, Santa Fé, Novo México, por Ohlhausen DuBois Architects, utiliza vidro como principal elemento de suporte de carregamento (para descrição, ver adiante)

Macfarlane categoriza um breve histórico de seu próprio trabalho e do desenvolvimento tecnológico do vidro estrutural, com uma série de projetos, protótipos e ensaios de material, que são detalhados mais adiante. Variam de inovações simples e coadjuvantes na fabricação ou montagem, a métodos completamente novos de construção utilizando vidro. Macfarlane cita o advento do engenheiro consultor, formalizado entre 1907 e 1915, como um importante estágio evolutivo na proliferação de possibilidades estruturais. Essas possibilidades são, por definição, apenas limitadas por nosso conhecimento das propriedades dos materiais, técnicas de fabricação e de montagem, assim como de outros instrumentos de vantagem estrutural, tais como a geometria. No entanto, Mcfarlane acredita que é apenas por meio da total exploração desses campos, que arquitetos e engenheiros podem desafiar os produtos de "propriedade intelectual protegida" dos sistemas patenteados de construção e mais bem responder às exigências programáticas de qualquer trabalho com soluções estruturais e de engenharia até então inimagináveis.

1 Khan, Y. S., *Engineering Architecture: The Visions of Fazlur R. Khan*, Nova York, 2004, p. 79

2 Entrevista com Tim Macfarlane por Will McLean, 3 de maio de 2012

Joseph Shop (Loja Joseph)

Descrição da estrutura
Barras de aço sob tração e vidro estrutural

Localização
Londres, Inglaterra

Ano de conclusão
1990

Arquiteta
Eva Jiricna (1939 –)

Engenheiro
Dewhurst Macfarlane

Uma aparentemente pequena, mas importante inovação, permitiu a essa escada complexa e elegante ter seus degraus transparentes. Em cada caso, Macfarlane posicionou juntos, sem laminá-los, uma folha de 19 milímetros de vidro temperado jateado e um pedaço de acrílico de 15 milímetros de espessura. O vidro forneceu rigidez e resistência ao uso, e o acrílico, um fator de segurança.

2
Escada da Joseph Shop com degraus de vidro em camadas e barras de aço inoxidável

Residência Klein

Descrição da estrutura
Vidro como principal elemento de suporte de carregamento

Localização
Santa Fé, Novo México

Ano de conclusão
2007

Arquitetos
Ohlhausen DuBois Architects

Engenheiros
Dewhurst Macfarlane

A Residência Klein representa uma abordagem audaciosa para o vidro estrutural. Seu uso para o pavilhão de mirante de vidro é tanto uma surpresa quanto uma solução elaborada de engenharia. O objetivo era criar uma sala de estar com vistas panorâmicas para as montanhas sem qualquer impedimento estrutural visível. O resultado é um espaço onde os dois lados envidraçados da sala de estar se encontram no canto noroeste, com a estrutura de aço do telhado apoiado apenas por vidro. O arquiteto Mark DuBois declarou que "o espaço arquitetônico formado pela parede de vidro capaz de suportar carregamento é visualmente notável e psicologicamente intrigante."[1] Depois de inicialmente explorar a opção de um pilar de canto todo de vidro (com seção transversal ou cruciforme ou em forma de L), a equipe de projetistas seguiu com o conceito de uma parede de apoio toda em múltiplos painéis de vidro. A parede, de 3,5 m de altura por 8,6 m de comprimento, é composta por sete painéis de tamanhos iguais e forma a parede oeste da sala. A parede norte adjacente (também totalmente envidraçada) é visualmente idêntica, mais não estrutural. Cada painel de vidro estrutural é fabricado a partir de 3 folhas de vidro temperado, laminado com película de PVB. A folha central é de 19 mm de espessura, com 6 mm de cada lado. As duas folhas exteriores são ligeiramente mais curtas de modo que todo o carregamento se transfira por intermédio da folha central. A parede de vidro estrutural foi desenvolvida com um fator de segurança três e projetada para ter um desaprumo máximo de L/100, que vale 35 mm ao longo da altura de 3,5 m. Para evitar qualquer estrutura visível na parte superior e na soleira do vidro, um perfil especial de aço foi fabricado e embutido nessas regiões. O sucesso do conceito de engenharia depende da distribuição uniforme dos esforços nos sete painéis; isso se tornou um dos principais desafios para a equipe de desenvolvimento e projeto. A solução foi fazer o canal de aço ajustável, utilizando uma barra rosqueada à parte superior e à inferior dos painéis de vidro. Uma enorme quantidade de arruelas foi utilizada na ligação com o teto para assegurar maior apoio ao longo do comprimento da parede e redistribuir as forças em caso de falha nos painéis. Se os prévios desenvolvimentos de vidro estrutural produziram notáveis estruturas completamente em vidro, então a Residência Klen mostra como o vidro pode ser utilizado como um sistema de apoio para outros elementos que não sejam de vidro.

1 http://www.boishaus.com/glass_performance_days_2007.pdf (acessado em 20.9.12)

Ampliação toda em vidro

Descrição estrutural
Estrutura de viga e pilar toda em vidro laminado

Localização
Londres, Inglaterra

Ano de conclusão
1992

Arquiteto
Rick Mather

Engenheiros estruturais
Dewhurst Macfarlane

3
Ampliação toda em vidro mostrando vigas e pilares de vidro laminado

Esta ampliação de uma residência privada, apesar de relativamente modesta em escala, teve um enorme impacto sobre a percepção e as expectativas de tecnologia de vidro na arquitetura. Essa é uma estrutura de alpendre na qual os pilares e vigas compreendem lâminas de três folhas de 12 milímetros de espessura de vidro recozido unidas por resina clara. As vigas são cortadas em um perfil curvo, e possuem 275 milímetros de altura em seus pontos médios e 200 milímetros de altura na ligação aos pilares, que é uma montagem tipo macho-fêmea (ver Broadfield House, adiante). Os pilares, com 200 milímetros de altura na seção transversal, são laminados similares às vigas, e essas camadas proporcionam um fator de segurança embutido. A estrutura é revestida em unidades de envidraçamento duplo que apresentam unicamente espaçadores de vidros nas extremidades para aumento da transparência, e os painéis do telhado são revestidos com uma camada condutora que pode ser utilizada como um elemento de aquecimento.

Broadfield House Glass Museum (Museu Casa de Vidro Broadfield)

Descrição da estrutura
Estrutura de vigas (seção caixão) e pilares toda em vidro laminado

Localização
Dudley, Inglaterra

Ano de conclusão
1994

Arquiteto
Design Antenna

Engenheiros
Dewhurst Macfarlane

4
Ampliação toda em vidro mostrando a ligação macho-fêmea entre pilar e viga

Esta estrutura toda em vidro foi construída como uma ampliação para o Broadfield Glass House Museum, em Dudley. A tecnologia do vidro é similar à utilizada em exemplo anterior, da Ampliação toda em vidro, com Rick Mather, mas este projeto é significativamente maior, com a estrutura medindo 11 metros de comprimento x 5,7 metros de largura x 3,5 metros de altura. Os pilares e vigas de vidro possuem 32 milímetros de espessura e são feitas a partir de três camadas de 10 milímetros de vidro recozido unidas com um laminado de resina. As vigas e pilares são ligados à extremidade do topo por meio de uma montagem tipo macho-fêmea, com a camada central do pilar saliente, enquanto que a camada central da viga apresenta-se retraída proporcionalmente para o encaixe. Os pilares têm 1.100 milímetros de centro a centro. Os pilares e vigas possuem 200 e 300 milímetros de altura na seção transversal, respectivamente. Os painéis de revestimento, duplamente envidraçados da parte frontal, e do telhado são ligados a pilares e vigas com silicone estrutural. Outra característica interessante desse projeto é a abertura de 2,2 metros de largura para portas de vidro, que é obtida utilizando-se uma viga caixão toda em vidro ou lintel – certamente outra inovação estrutural.

| 4 | 4.3 | **4.3.13** |
| Estudos de caso | 1950–1999 | **Vidro Estrutural** |

Cobertura de entrada de estação

Descrição estrutural
Vigas de vidro em balanço em quatro seções deslocadas

Localização
Yurakucho, Tóquio, Japão

Ano de conclusão
1997

Projetistas e engenheiros
Dewhurst Macfarlane

5
Modelo de cobertura da Estação Yurakucho

6
Detalhe da cobertura da Estação Yurakucho mostrando as ligações das vigas de vidro

Na praça de Rafael Viñoly no Tokyo International Forum, Tim Macfarlane foi convidado a apresentar um projeto para a cobertura da estação de metrô Yurakucho. O que ele concebeu, projetou e, finalmente, construiu foi uma cobertura em balanço de 10,6 metros de comprimento x 4,8 metros de largura, fabricada inteiramente em vidro. O telhado de vidro é suportado por três vigas de vidro, que consiste cada uma de quatro agrupamentos de lâminas de vidro que se afinam a partir da ligação para a extremidade não apoiada. Os componentes das vigas de vidro consistem em duas folhas de vidro de 19 milímetros de espessura, laminadas juntas, as quais são parafusadas no ponto central e no final do grupo seguinte de lâminas deslocadas. O número de camadas laminadas de vidro é quatro na ligação e reduz-se a duas na extremidade em balanço da cobertura.

As ligações mecânicas entre os componentes são feitas com pinos de aço inoxidável de alta resistência de 50 milímetros de diâmetro. O que tornou esse projeto tecnicamente viável foi uma combinação do ensaio físico realizado com os fabricantes de vidro Firman Glass e City University e a análise pelo Método dos Elementos Finitos (MEF). Apesar de os resultados desse ensaio terem sido bem sucedidos, os clientes decidiram também incluir acrílico como um componente da viga como um fator adicional de segurança. Esses elementos são visíveis apenas devido às suas extremidades de cor diferente, que é muito mais clara que a do vidro. O revestimento externo da cobertura é feito de uma laminação de duas folhas de vidro de 19 milímetros, coladas e seladas com silicone estrutural.

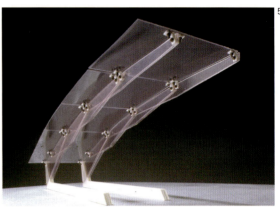

5

6

Lojas Apple

Descrição da estrutura
Painéis de vidro laminado e sistema de viga recíproca, todos em vidro

Localização
Diversas

Ano de conclusão
2006

Arquitetos
Bohlin Cywinski Jackson

Projetistas e engenheiros
Dewhurst Macfarlane

7
Escada toda em vidro da Loja Apple, Chicago, 2010

8
Detalhe da escada toda em vidro mostrando os degraus parafusados, Loja Apple, Chicago, 2012

9
Cubo de vidro, Loja Apple, 5ª Avenida, Nova York, 2006

10–11
Detalhes mostrando as ligações em aço inoxidável, Loja Apple, 5ª Avenida, Nova York

O trabalho de Dewhurst Macfarlane para a Apple inclui uma série de inovações técnicas. Os degraus de escada de vidro, a marca registrada, são compostos por três camadas de vidro laminado coladas com SentryGlas®, uma camada intermediária de inoplast extremamente forte. Habilmente, um perfil de aço inoxidável é laminado na seção central, que pode então ser parafusada ao corrimão todo em vidro. Para o Fifth Avenue Apple Cube (Cubo da Apple na 5ª avenida), o processo de laminação ou incorporação de ligações de aço inoxidável dentro dos componentes de vidro em camadas foi repetido, mas para reduzir o número e a complexidade das conexões no teto, foi utilizada uma estrutura recíproca. O conceito da estrutura recíproca pode ser descrito como a construção de grandes vãos utilizando-se comprimentos curtos. Esse método de fazer com que comprimentos curtos vençam grandes vãos (ou atravessem mais do que seu comprimento) foi uma solução conveniente que surgiu nas construções medievais. A facilidade da construção, ou certamente a omissão das complexas conexões cruciformes, foi um fator no uso de um arranjo de viga recíproca para o cubo de vidro da Fifth Avenue. Um arranjo recíproco das vigas de vidro laminado no telhado de 9,8 m x 9,8 m utiliza ligações de aço inoxidável no ponto médio das vigas transversais, criando uma estrutura recíproca planar que é eficiente tanto construtiva quanto estruturalmente.

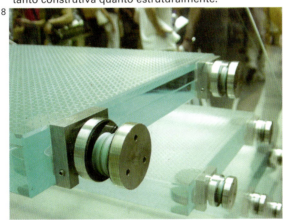

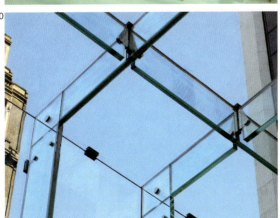

4.4
2000–2010

4.4.1
Sharp Centre for Design – Ampliação do Ontario College of Art and Design

Descrição estrutural
Caixa formada por treliças de aço

Localização
Toronto, Ontário, Canadá

Ano de conclusão
2004

Dimensões do plano
Caixa formada por treliças de aço com 85 m de comprimento x 30 m de largura x 10 m de altura

Área
8.400 m²

Altura dos pilares afunilados
26 m

Arquitetos
William Alsop (1947 –) com Young + Wright Architects

Engenheiros
Carruthers & Wallace Ltd

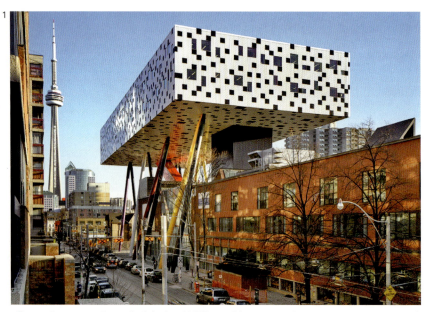

1 Ontario College of Art and Design (OCAD), Sharp Centre de Arte Visual: vista obtida olhando-se para o sul, em direção à Torre CN

2 Vista obtida olhando-se para o norte

Quando o arquiteto britânico William Alsop foi convidado para projetar uma ampliação para o Ontario College of Art and Design (OCAD), ele rejeitou um local adjacente reservado para tal e, ao invés disso, elevou o novo departamento em uma caixa pixelada de aço revestido por alumínio, oito andares acima das estruturas existentes, apoiada sobre esbeltos pilares inclinados.

O ponto de partida para os engenheiros de estruturas foi criar um "tampo de mesa", ou seja, uma estrutura rígida em forma de caixa apoiada em "pernas". A rigidez é proporcionada por treliças horizontais ao nível de dois pisos e do teto e treliças verticais, transversais e longitudinais. Todo o conjunto de treliças se intertrava. Os engenheiros trabalharam em estreita colaboração com os arquitetos no posicionamento e orientação dos pilares ("pernas") de 30 metros de comprimento em um arranjo aparentemente aleatório, mas que faz sentido estruturalmente. O triângulo é notoriamente uma forma eficiente e, mais importante, estruturalmente estável. Foi assim que os pares de pernas foram concebidos como uma série de suportes triangulares. Outra consideração foi a criação de elementos estáveis ao nível do solo para apoiar essas pernas. As estruturas de apoio das pernas, que se estendem desde o nível do solo até dentro da rocha subterrânea, compreendem tubulões, que variam de 90 centímetros a 2 metros de diâmetro, e se estendem a uma distância de até 18 metros para dentro da rocha. Os tubulões são configurados em um padrão triangular (para cada par de pilares) e interligados para formar uma estrutura tridimensional. Outra consideração estrutural muito importante é o projeto do tampo de mesa para resistir a forças laterais provenientes de duas fontes no centro de Toronto: forças de vento e terremotos. Esses carregamentos laterais são suportados de dois modos: um é a orientação dos pilares (pernas) em forma de triângulo, que são mais eficazes para resistir às forças laterais quando estão na

transversal; o outro é um grande e rígido núcleo de escadas de concreto, posicionado na extremidade norte do edifício, que suporta à maioria das forças laterais na direção longitudinal.

O tampo de mesa é suportado por seis pares de pernas, que o arquiteto queria que fossem chamadas "pernas de charuto", cuja seção transversal é circular tubular (oca) de aço, com componentes cônicos de aço, especialmente fabricados, soldados a cada uma de suas extremidades. Essas pernas funcionaram bem estruturalmente, mas eram grandes e pesadas, o que significava implicações logísticas. Para evitar gastos desnecessários com transporte e complicadas operações no local da obra, a estrutura metálica foi projetada e fabricada em partes que poderiam ser pré-montadas para teste em fábrica e, posteriormente, serem remontadas no local da obra. As "pernas de charuto" de aço estrutural oco possuem 27 metros de comprimento e 914 milímetros de diâmetro, com uma espessura de parede de 25 milímetros. O modelo estrutural computacional usado para avaliar as forças permanentes e variáveis estimou um deslocamento horizontal máximo de 8 milímetros no canto sudoeste do tampo de mesa. A concepção estrutural também inclui redundância para fornecer caminhos alternativos aos esforços em caso de uma falha catastrófica de um apoio de perna.

4	4.4	**4.4.1**
Estudos de caso	2000–2010	**Sharp Centre for Design – Ampliação do Ontario College of Art and Design**

3

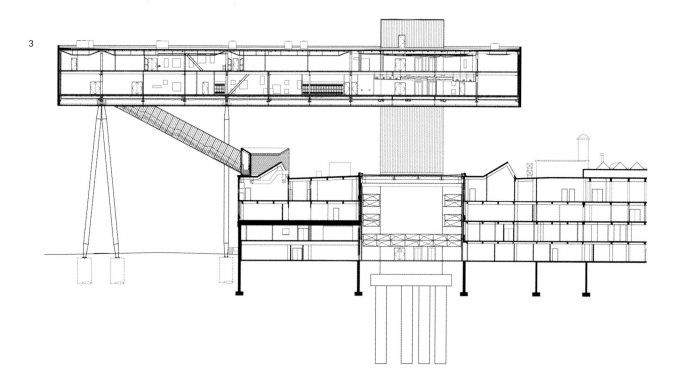

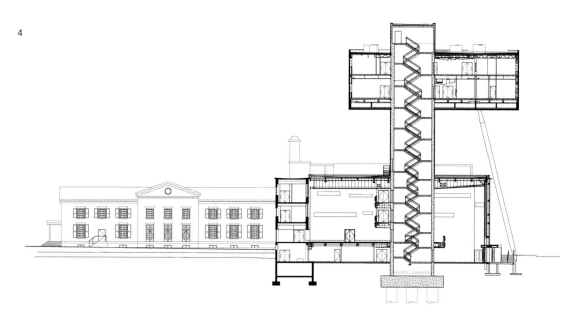

3
Corte mostrando como o núcleo de concreto proporciona uma ligação vertical e estabilidade lateral para a ampliação elevada "tampo de mesa"

4
Seção transversal mostrando a estrutura da ampliação

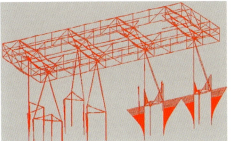
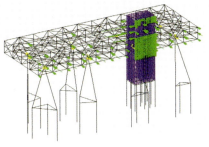
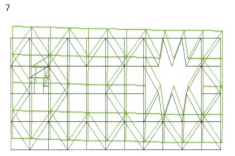

5
Diagrama estrutural ilustrando os efeitos do momento fletor

6
Diagrama estrutural ilustrando a força do vento na direção leste-oeste

7
Diagrama estrutural ilustrando o deslocamento em função do vento da estrutura de aço

8
Edifício com estrutura de aço construída em torno do elevador de concreto/núcleo de escadas, com 8 de 12 pilares finais posicionados

9
Colocação dos apoios dos dois últimos pares de pernas. Observar as estruturas de aço pintadas de azul, utilizadas para manter as pernas na posição correta durante a construção

10
Detalhe das ligações das pernas duplas na parte de baixo da estrutura de "tampo de mesa", com enrijecedores (chapas) soldados à mesa da viga

11
Vista das pernas de aço de 29 metros de comprimento na fábrica, mostrando as seções finais especialmente laminadas, afuniladas e soldadas

12
Detalhes da ligação da base da perna de aço

4
Estudos de caso

4.4
2000–2010

4.4.2
Edifício Atlas

Descrição estrutural
Exoesqueleto de concreto armado pré-moldado, com vigas-caixão de aço

Localização
Wageningen, Países Baixos

Ano de conclusão
2005

Dimensões do plano
44 m de comprimento x 44 m de largura

Altura
26 m

Arquitetos
Rafael Viñoly (1944 –) (Rafael Viñoly Architects) com Van den Oever, Zaaijer & Partners Architecten

Engenheiro
Pieters Bouwtechniek B.V

A ideia de um exoesqueleto e que a função estrutural de um edifício pode ser propositalmente tornada visível não é nova. O Edifício Atlas é um excelente exemplo recente desse gênero, que notavelmente inclui o Centre Pompidou de Piano and Rogers e o mais integrado Edifício "Gherkin", de Norman Foster, em grelha diagonal. Esse novo escritório e laboratório de sete andares da Universidade de Wageningen é parte da mudança da universidade para um novo campus em De Born, ao norte de Wageningen. A estrutura externa foi construída a partir de grandes elementos de concreto armado pré-moldado em forma de losango, que medem 7,2 metros de largura por 3,6 metros de altura. Cada lado do losango tem espessura de 400 milímetros afinando para 380 milímetros na borda frontal. Ao centro de cada um dos componentes pré-fabricados há uma placa de aço que compõe o apoio externo de vigas-caixão de aço, especialmente fabricadas. Na outra extremidade, estas se apoiam em pilares internos à fachada do átrio. As ligações entre as vigas de aço e o exoesqueleto de concreto pré-moldado são cuidadosamente concebidas com pinos e furos alongados de forma a garantir que apenas forças verticais (e nenhum movimento diferencial lateral) sejam transferidas para a estrutura de concreto; dois núcleos internos de concreto foram concebidos para suportar forças laterais.

A planta do edifício tem a forma de um toroide de seção quadrada, e o arranjo estrutural é tal que não existem pilares no espaço aberto do piso. As unidades de concreto pré-moldado são fixadas umas às outras por encaixes e mantidas no lugar por intermédio de cavilhas de aço e fixadores químicos. Em cada nível do piso, barras tracionadas de aço com 50 milímetros de diâmetro são fundidas nas unidades pré-moldadas a fim de suportar eventuais forças causadas por expansão térmica das unidades individuais.

A alta qualidade do acabamento dos componentes pré-moldados da estrutura externa foi alcançada com formas de aço reutilizáveis e concreto auto-adensável. O dióxido de titânio, um ingrediente mais comumente utilizado em pinturas de casas e em cremes dentais, foi empregado como um aditivo para ajudar a clarear o concreto e inibir o crescimento de fungos. Estudos recentes na cidade holandesa de Hengelo também utilizaram o dióxido de titânio como revestimento fotocatalítico do concreto, o qual, sob a luz solar, metaboliza os óxidos de nitrogênio nocivos contidos nos escapamentos de veículos, transformando-os em nitratos mais benignos. As fachadas do edifício são praticamente idênticas, exceto pelas seções recortadas para construir as portas de acesso, ao nível do solo dos dois lados, e para a entrada principal, que é um espaço vazio hexagonal de dois andares, perfurando a treliça da fachada norte. Uma ponte de aço com 90 metros de comprimento percorre internamente o edifício.

1
Fachada sul do edifício Atlas, com revestimento de exoesqueleto de concreto em volta e apoiando o edifício

2
Detalhe da fachada

3
Detalhe do canto, mostrando a ligação de viga interna em aço e as barras de aço horizontais tracionadas

4
Estudos de caso

4.4
2000–2010

4.4.3
'Het Gebouw' (O edifício)

Descrição estrutural	Localização	Dimensões em planta	Arquitetos	Engenheiros
Duplo tubo de aço em balanço	Leidsche Rijn, Utrecht, Países Baixos	27,3 m de comprimento x 3,9 m de largura (cada bloco)	Stanley Brouwn (1935 –) e Bertus Mulder (1929 –)	Pieters Bouwtechniek B.V
	Ano de conclusão 2006	**Altura** 7,8 m		

Este espaço temporário para exibições é uma colaboração entre o artista conceitual holandês Stanley Brouwn e o arquiteto Bertus Mulder, conhecido pela restauração da Rietveld-Schröder House e a recente reconstrução do Rietveld Pavilion no Kröller-Müller Museum. O "Het Gebouw" (O edifício) é um puro jogo estrutural formado por um "tubo" prismático de seção transversal quadrada sobre outro rotacionado de 90° criando uma estrutura com de 11,7 metros em balanço na sua maior extensão. Stanley Brouwn é um dos mais celebrados artistas da Holanda e é mais conhecido por seu trabalho conceitual relacionado aos pés e ao caminhar. Em uma notável série de obras realizadas entre 1960 a 1964, intitulada this way brouwn, o artista abordou transeuntes e pediu-lhes que desenhassem direções partindo de um ponto a para um ponto b. Em 1960, Brouwn também fez um relato documentado de todas as lojas de calçados de Amsterdam e começou a fazer uma série de caminhadas cronometradas. Curiosamente, ele mediu esses passeios em pés de Stanley Brown (pés SB), com base no comprimento de seu próprio pé. Um pé de Stanley Brown mede 260 milímetros e o projeto do pavilhão Het Gebouw teve por base esse módulo. O comprimento de cada bloco é de 27,3 metros (105 pés SB) e a seção transversal de cada um dos blocos mede 3,9 m x 3,9 m (15 x 15 pés SB). O edifício é subdividido em reticulados de 5 x 5 pés SB.

Esse reticulado é visível e ajuda a organizar os componentes do edifício. O desafio estrutural era criar um nível superior rígido com dois balanços idênticos de 11,7 metros (45 pés SB). A estrutura é fabricada a partir de pequenas seções de aço laminadas, com travamentos formados por barras diagonais de aço. No encontro entre os dois blocos, as seções de aço são consideravelmente aumentadas e as ligações são a momento com enrijecedores de extremidade. A estrutura é construída utilizando-se principalmente ligações parafusadas e foi originalmente projetada para ser desmontada e realocada.

O edifício Het Gebouw se localiza na extremidade da Leidsche Rijn, local de um novo empreendimento residencial para 80 mil pessoas a oeste de Utrecht. O pavilhão é adjacente a uma grande cúpula geodésica construída a partir de tubos de papelão e projetada pelo arquiteto japonês Shigeru Ban. O edifício "Het Gebouw" e a "Cúpula de Papel" de Ban foram ambas construídas como edifícios culturais, com o Het Gebouw sediando exposições de arte regulares e a Cúpula de Papel funcionando como um teatro comunitário. Esses projetos, autorizados pelo Bureau Beyond, eram para atuar como ímãs e um foco para desenvolvimentos futuros – uma vez mais estendendo a fronteira do ambiente construído, o que lembra o motivo de os Países Baixos serem um dos países mais

178

1
Modelo original do artista Stanley Brouwn

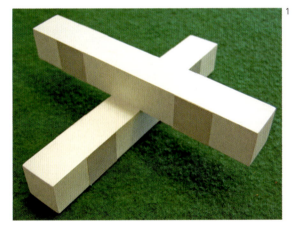

densamente povoados da Europa. O Het Gebouw estava originalmente provisionado para ser utilizado por cinco anos, mas seu sucesso, que o arquiteto Bertus Mulder descreveu como "um trabalho autônomo de arte", e cada vez mais como um ponto de referência local, convenceu as autoridades municipais a manter essa estrutura. Devido à efervescência da construção civil nos arredores, o nível do solo local foi elevado 1,1 metros e, como consequência, o Het Gebouw também será elevado. Bertus Mulder explicou que o edifício não precisará ser desmontado, mas poderá ser levantado como uma peça única e refixado em uma fundação modificada e elevada.

Duas seções em cada bloco do edifício são envidraçadas em ambos os lados, com uma porta de entrada centralmente localizada em um dos painéis envidraçados, tudo coordenado com o sistema dimensional de Brouwn. O curador da galeria explicou que durante uma recente festa de abertura de uma exposição, uma grande multidão de crianças e pais causou movimento perceptível nas extremidades em balanço: uma experiência não desagradável, mas um pouco enervante. Na realidade, explicou Mulder, 200 pessoas em uma das extremidades desse pequeno edifício ainda não seriam um motivo para preocupação (estrutural), mas é difícil visualizar como todas elas caberiam lá dentro. Assim como uma obra enigmática de arte e arquitetura, o Het Gebouw é um excelente modelo estrutural que ilustra as possibilidades performativas de materiais simples, habilmente dispostos.

4	4.4	**4.4.3**
Estudos de caso	2000–2010	**'Het Gebouw'**
		(O edifício)

2

3

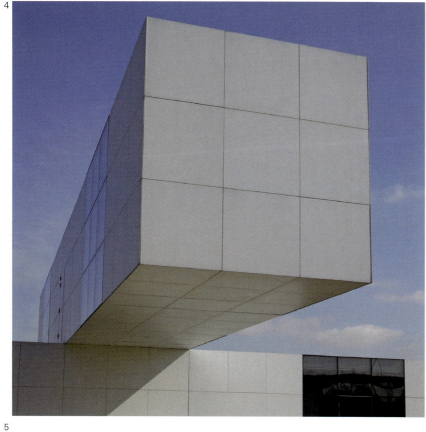

2, 3
Het Gebouw e o delicado ato de equilíbrio estrutural

4
Embaixo de uma das vigas que desafia a gravidade

5
A forma esquelética de aço. Observem-se as barras de aço diagonais tracionadas nas paredes da estrutura superior e, na região central, os componentes mais pesados das seções-caixão quadradas em aço

4.4.4
Casa Hemeroscopium

Descrição estrutural
Balanço helicoidal

Localização
Las Rozas, Madrid, Espanha

Ano de conclusão
2008

Área
400 m²

Altura
9 m

Arquitetos
Antón García-Abril (1969 –), Elena Pérez, Débora Mesa, Marina Otero, Ricardo Sanz e Jorge Consuegra, Ensamble Studio

Arquiteto técnico
Javier Cuesta

Empreiteiro
Materia Inorgánica

1 Elevação a leste na casa Hemeroscopium, mostrando o contrapeso de granito

A casa Hemeroscopium é uma ferramenta pedagógica extremamente elegante de método e componentes construtivos. Os componentes incluem uma treliça warren, uma viga vierendeel e três formas e tamanhos de vigas pré-fabricadas em concreto armado. Esse projeto de uma residência a noroeste de Madrid também utiliza uma pedra de granito bruto de 20 toneladas-força, equilibrada no topo da estrutura como contrapeso, sem a qual nem existiria estrutura. Em uma recente palestra em Londres, o arquiteto Antón García-Abril explicou que "são os traços gravitacionais que fazem o espaço".[1] O projeto dessa complexa engenharia levou um ano para ser elaborado, mas a estrutura levou apenas sete dias para ser montada. A estrutura da casa é constituída por sete elementos fundamentais, que são dispostos em um arranjo helicoidal. O primeiro elemento é a viga-mãe, a mais estável e pesada, de 22 metros de comprimento, 2,65 metros de altura e 59 toneladas-força que não passam despercebidas. Essa viga em forma de I é pré-fabricada fora do local da obra e usa armaduras protendidas especialmente projetadas para alcançar a capacidade resistente desejada. O segundo elemento é uma viga de 22 metros em forma de U invertido, que suporta outra viga I na sua extremidade em balanço e, também, no seu ponto médio, a uma viga de concreto em formato de U, que possui as extremidades

fechadas por vidro reforçado. Esta é preenchida com água e atua como uma piscina elevada. Essa piscina de 21 metros de comprimento e 25 toneladas-força de água vem equilibrar a complexa rede de interdependências estruturais. Conforme essa estrutura helicoidal vai subindo, uma transparência é introduzida utilizando-se vigas de aço para criar o quinto e o sexto elementos – vierendeel e treliça warren, respectivamente. O sétimo elemento e última viga é mais uma viga I, sobre a extremidade da qual foi posicionado um contrapeso de granito perfurado e parafusado à viga. Esse contrapeso permite que a última viga, que é equilibrada sobre a viga preenchida com água, possa estar em balanço em sua outra extremidade e apoie a treliça warren de aço. Esses complexos relacionamentos estruturais entre os elementos e a estrutura são expressamente ilustrados. Não houve nenhuma tentativa de ocultar ou ofuscar ações estruturais nessa casa inusitada, capaz de contar uma série de histórias, tanto estruturais quanto espaciais.

1 García-Abril, A., 'Stones and Beams', palestra proferida na Architectural Association School of Architecture, em 2 de março de 2011

4	4.4	4.4.4
Estudos de caso	2000–2010	**Casa Hemeroscopium**

2

3

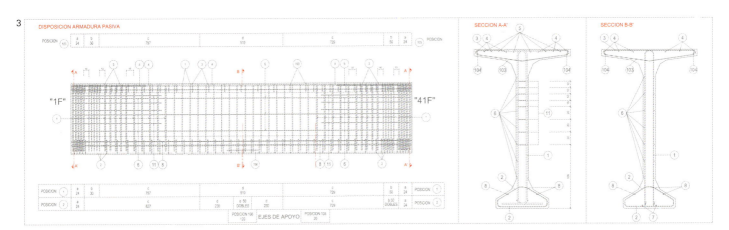

2
Elevação ao sul, com piscina em balanço

3
Desenho da fabricação da viga de concreto nº 3, mostrando a distribuição da armadura de aço

4
Desenho axonométrico mostrando a lógica estrutural e a montagem sequencial

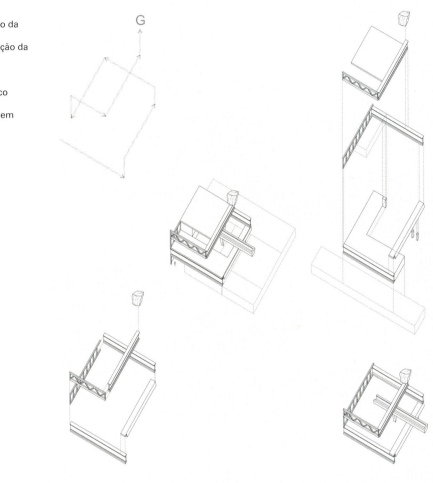

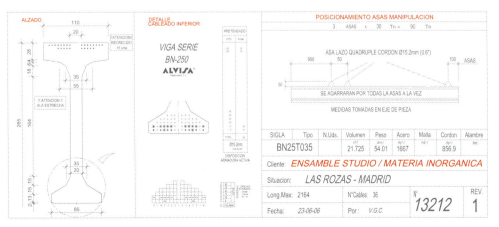

4
Estudos de caso

4.4
2000–2010

4.4.5
Oficina/Mesa do Kanagawa Institute of Technology (KAIT)

Descrição estrutural	Localização	Área	Arquiteto	Engenheiros
Estrutura protendida de aço, otimizada estruturalmente	Kanagawa, Japão	1.989 m²	Junya Ishigami (1974 –) (Junya Ishigami + Associates)	Konishi Structural Engineers
	Ano de conclusão 2008	**Altura** 5,052 m		**Empreiteiro** Kajima Corporation
				Software Tomonaga Tokuyama

Apesar de não imediatamente óbvio para os olhos, existem dois tipos diferentes de pilares na estrutura, os verticais (que suportam forças verticais), e os horizontais (que suportam forças horizontais). Eu quis fazer os pilares tão esbeltos quanto possível, e da forma projetada foi mais eficaz do que tentar fazer com que todos os pilares suportassem ambas as forças. Eu não queria simplesmente qualquer tipo de pilar esbelto.[1]
Junya Ishigami

Junya Ishigami é um jovem arquiteto que não parece ter medo de produzir maravilhosas peças de arquitetura e design enquanto, simultaneamente, emprega seu potencial criativo de propriedade de engenharia e dinâmica. Se o projeto Mesa, de Ishigami, 2005, é tanto um conjunto de peças de engenharia quanto um ato de encantamento – que, com base em nossos preconceitos de engenharia, parece desafiar a gravidade. Assim, sua oficina para o Kanagawa Institute of Technology (KAIT) é um trabalho completo de arquitetura e engenharia.

Encomendada como parte da remodelagem do campus da universidade, essa estrutura de 2.000 metros quadrados em andar único foi concebida como um espaço de estúdio de acesso aberto, disponível para estudantes realizarem projetos em diferentes mídias. O arquiteto concebeu a construção como um passeio pelo bosque que habilmente delineia o ambiente de uma sala em domínios ambíguos por meio da densidade dos pilares e a disposição "de uma forma que não dá nenhuma indicação de que haja quaisquer regras ou planejamento para seus posicionamentos".[2] A planta do edifício é um

quadrado ligeiramente distorcido. Um teto de plano único é mantido no ar por 305 pilares, cada um com seu tamanho único de seção transversal e orientação. O edifício é envidraçado por todos os lados, e o plano de fundo é todo iluminado com faixas de luz proveniente de claraboias.

Embora esse projeto seja visualmente deslumbrante, o fato de a leveza e a transparência serem mantidas mesmo com inúmeros, ainda que pilares surpreendentemente esbeltos, é apenas a metade da história. A engenharia dessa estrutura é uma mistura extremamente precisa, ainda que não ortodoxa, de precisão definida parametricamente e uma hierarquia radicalmente inovadora de "ação de designação" estrutural. Ishigami cria duas classes de pilares, ostensivamente para duas funções diferentes: um conjunto de pilares para receber as forças da grelha do telhado em viga I e outro conjunto para suportar a movimentos laterais, os quais o arquiteto chama de pilares verticais e horizontais, respectivamente. Ishigami foi bastante habilidoso na criação de uma floresta de pilares esbeltos em que a função estrutural específica de um dado pilar não pode ser identificada. Os apoios são todos de tamanhos diferentes e variam do pilar n° 240 (uma seção compacta de 80 mm x 56 mm de aço sólido) ao pilar n° 277 (uma seção esbelta de160 mm x 16 mm de aço), com todos eles especificamente orientados em ângulos com tolerância de uma casa decimal. A construção do KAIT foi fundamental na manutenção do objetivo de Ishigami de criar um tratamento uniforme para todas as ligações de pilares. Os pilares são erguidos utilizando-se dois diferentes processos, de acordo com o respectivo tipo. Para os verticais, as bases são conectadas a fundações independentes. Vigas I de aço I cruzam-se ligando as extremidades superiores dos pilares. Ligações em pino são utilizadas para fixar os pilares verticais às vigas. Os detalhes desses pinos são posteriormente escondidos para que combinem com os detalhes soldados das extremidades superiores dos pilares horizontais. A fim de manter os pilares horizontais e evitar a ação de seu peso próprio como uma força vertical, eles foram suspensos a partir de vigas do telhado. Após os pilares verticais terem sido conectados às vigas, os horizontais foram inseridos com um guindaste por cima das vigas e fixados. Os horizontais não foram concebidos para suportar neve ou outras forças verticais. O projeto inicial previa sua ligação com o piso verticalmente frouxa para evitar qualquer instabilidade em consequência do peso da neve. O problema em se fazer furos alongados foi que os detalhes se tornariam visíveis e esses não coincidiam com os detalhes de ligação dos pilares verticais com o piso. Esse resultado era inaceitável para Ishigami, então ele usou outra abordagem: antes de fixar os horizontais às vigas, o telhado foi previamente carregado com pesos iguais ao da neve e, então, os pilares foram fixados. Quando o carregamento temporário é removido, os horizontais são colocados em tração, evitando assim a flexão se a estrutura estiver sob carregamento de neve. O processo mantém a necessária

ambiguidade de função estrutural que Ishigami exigiu durante a criação de um novo tipo estrutural – ou pelo menos de uma nova abordagem estrutural, alcançada por meio de uma análise muito detalhada empregando um programa de computador desenvolvido por sua empresa.

Junya Ishigami pertence a uma longa linhagem de designers para os quais a estratégia estrutural, a lógica e o uso de material em qualquer projeto são codependentes das ambições programáticas de um projeto de design. Seu projeto Mesa, que foi exibido na Basileia, em Londres, em Tóquio e em Veneza, é digno de ser lembrado em relação aos temas gerais deste livro por sua audácia estrutural e "engenharia reversa" criativa. Uma superfície de mesa (9,5 metros de comprimento x 2,6 metros de largura x 1,1 metros de altura) de uma espessura de 3 milímetros de aço é mantida por quatro pernas, cada uma localizada em um dos cantos. Que a mesa possa suportar seu próprio peso sobre essa extensão é aparentemente impossível; que ela possa suportar objetos cotidianos, como fruteiras e vasos, parece ilusório para se dizer o mínimo. O que Ishigami fez foi pré enrolar o topo da mesa, como uma mola de um mecanismo de relógio. O topo da mesa é colocado em nível apenas quando desenrolado e cuidadosamente carregado com objetos precisamente pesados e posicionados. A mesa é tão delicadamente equilibrada e estruturalmente otimizada que se ondula a um mero toque. Como é mostrado pelo projeto KAIT, as inovações de Junya Ishigami são tanto estruturalmente inventivas quanto polemicamente ricas, e fornecem pistas para soluções até então inimagináveis de design para uma nova geração de arquitetos e engenheiros.

1, 2 Ishigami, J., Informações sobre o Projeto fornecidas pelo escritório de Junya Ishigami & Associates, 2011

4	4.4	4.4.5
Estudos de caso	2000–2010	Oficina/Mesa do Kanagawa Institute of Technology (KAIT)

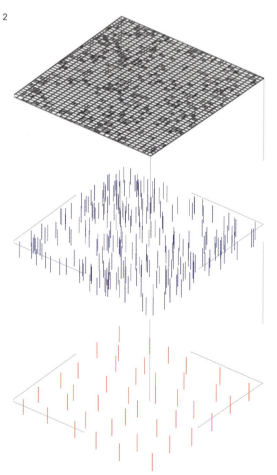

1
Desenho da planta, mostrando a disposição incomum dos 305 pilares, que estão indicadas por pontos

2
Diagrama mostrando a estrutura de viga-telhado e as duas "classes" de pilar

3
KAIT em construção, mostrando o conjunto de fundações individuais dos pilares

4
Vista da estrutura do telhado durante a construção, com seções de aço previamente pintadas de vermelho à esquerda da imagem, temporariamente posicionadas para simular carregamento de neve

5
Desenho de seção ao longo da extremidade do edifício KAIT

6
Vista exterior do edifício concluído

7
Vista interna do projeto acabado antes da ocupação

8
Desenho do arquiteto do projeto Mesa, com as localizações dos objetos na mesa e seus pesos

9
Diagrama do tampo de mesa analisada pelo Método dos Elementos Finitos (MEF)

10
Desenho da elevação da Mesa em seu estado "implantação" e "desimplantação" (enrolada)

11
Fotografia da fábrica mostrando o tampo de mesa de aço sendo enrolado (protendido)

12
A Mesa finalizada, completamente carregada, "desafiando a gravidade"

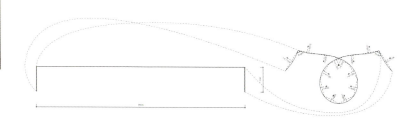

4
Estudos de caso

4.4
2000–2010

4.4.6
Passarela Meads Reach

Descrição estrutural	Localização	Comprimento	Arquiteto	Artista
Pórtico em aço inoxidável	Bristol, Inglaterra	55 m	Niall McLaughlin (1962 –)	Martin Richman
	Ano de conclusão 2008		**Engenheiro** Timothy Lucas (Price & Myers)	

A arte da estrutura é saber como e onde colocar os furos.[1]
Robert Le Ricolais

As instruções do cliente para uma passagem "invisível" para pedestres e ciclistas sobre o porto flutuante de Bristol foram desenvolvidas pelo arquiteto Niall McLaughlin, pelos engenheiros Price & Myers (Geometrics Group) e pelo artista Martin Richman especializado em efeitos especiais usando a luz. A ambição de "invisibilidade" levou a equipe de projeto a considerar uma superfície perfurada que não precisaria ser iluminada à noite, mas poderia ser uma fonte de iluminação ela mesma, emitindo luz através de furos distribuídos.

A forma estrutural da ponte é a de um pórtico com quatro apoios ("pernas") com ligações articuladas na fundação em cada extremidade. O vão é vencido por meio do princípio da caixa de torção de uma asa de avião, formando uma estrutura esbelta de aço inoxidável grau 2205. A passarela é formada a partir de uma série de nervuras de aço inoxidável perfurado, ligada a uma fina placa de aço inoxidável perfurada. As nervuras também estão ligadas longitudinalmente a chapas de aço e por travamentos no interior do tabuleiro. Essa estrutura relativamente leve é então envolta em chapas de 6 milímetros de aço inoxidável perfurado, que são soldadas ao conjunto da subestrutura (essa é uma estrutura totalmente soldada). A dimensão dos corrimãos está efetivamente compondo a capacidade resistente da passarela, com a parte inferior da estrutura propiciando rigidez lateral. A parte do tabuleiro efetivamente destinado aos pedestres é o único elemento que não é soldado. É formado por uma série de painéis de aço inoxidável perfurado texturizados e removíveis. Esses painéis permitem o acesso às barras de iluminação fixadas dentro da ponte. O perfil da borda inferior da ponte é formado a partir de uma barra sólida de aço inoxidável, que auxilia no suporte a forças de tração.

As perfurações que cobrem a ponte são interessantes em diversas maneiras; inicialmente foram utilizadas de modo a permitir a fluorescência da ponte no escuro. Colocar furos em uma ponte é estruturalmente intrigante. Apesar de haver um risco de enfraquecimento estrutural, haverá remoção material e assim aliviando o peso-próprio, o que é estruturalmente benéfico. O tamanho das perfurações varia entre 10 e 40 milímetros de diâmetro. Os furos são uniformemente distribuídos, com seus diâmetros determinados localmente a partir de uma análise via Método dos

1
Elevação da passarela em forma de "portal". O projeto do "portal" prevê ligações rígidas entre o tabuleiro e os pilares ("pernas"), enquanto que as ligações articuladas às fundações permitem a expansão térmica e o peso-próprio da estrutura

2
Vista detalhada, mostrando os elementos construtivos

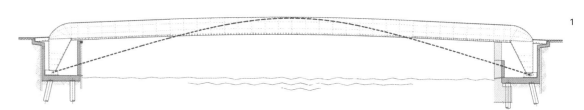

Elementos Finitos (MEF) em um modelo com as chapas não perfuradas. Os engenheiros conseguiram vincular um mapa com os dados estruturais a uma planilha, a qual serviu para produzir uma série de mapas numéricos com detalhes dos variados diâmetros de perfuração. Essas informações puderam ser enviadas diretamente para as cortadoras à plasma CNC (NT: Controle numérico computadorizado) que estavam perfurando as chapas de aço para a passarela. Em áreas de alta distribuição de tensão, tais como as regiões de apoio do pórtico, os furos diminuem de tamanho, e, algumas vezes, chegam a nem existir. Niall McLaughlin disse que "o padrão de furos torna-se um mapa das tensões do trabalho que a ponte precisa realizar para cruzar o rio".[2] Ao todo são 55.000 perfurações. A ponte foi pré-montada por seções, que foram soldadas juntas em um terreno ao lado da localização final, e a ponte de 75 toneladas-força foi completamente içada para sua posição final por um guindaste móvel.

A ponte liga o porto ao centro da cidade e recebeu prêmios tanto da Royal Institute of British Architects (RIBA) quanto da Institution of Structural Engineers.

1 Citado em Sandaker, B. N., *On Span and Space: Exploring Structures in Architecture*, Oxford: Routledge, 2008, p. 71
2 Spring, M., *Passarela Meads Reach, Bristol*, PropertyWeek.com, 23 July 2010

4	4.4	4.4.6
Estudos de caso	2000–2010	**Passarela Meads Reach**

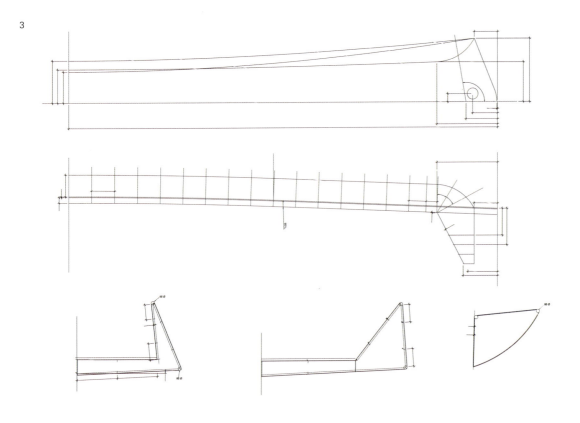

3
Desenho de detalhes: planta, elevação e detalhes das nervuras

4
Visualização da distribuição das tensões por meio de análise via Método dos Elementos Finitos (MEF)

5
Uma amostra da planilha utilizada para gerar o código da máquina para o corte automatizado à laser CNC dos furos

6
Superfícies "desenvolvíveis": as superfícies geometricamente complexas da estrutura foram modeladas de maneira cuidadosa para permitir que fossem desenvolvidas a partir de chapas lisas para facilidade de fabricação

7
Os modelos 3D do componente de aço inoxidável com furos de tamanhos variados de recorte

8
Modelo 3D

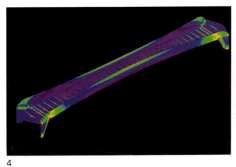

4

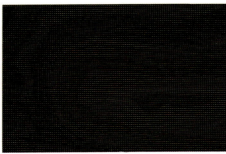

5

6

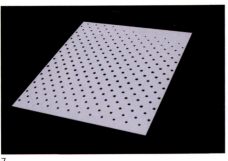

7

8

192

9

10

11

12

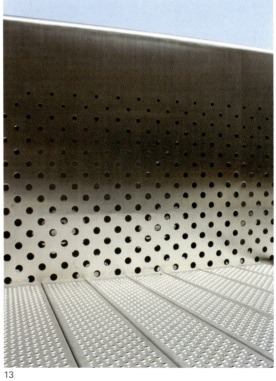
13

9
Fabricação da passarela em aço inoxidável, mostrando as nervuras e travamentos

10
Levantamento da passarela (inteira) para a posição

11
A passarela Meads Reach é iluminada de modo que a estrutura interna de nervuras seja revelada durante a noite

12, 13
Detalhes da passarela concluída

4
Estudos de caso

4.4
2000–2010

4.4.7
Pompidou-Metz

Descrição estrutural	**Localização**	**Dimensões do plano**	**Arquitetos**	**Software de produção**
Estrutura de telhado de madeira em grelha (gridshell)	Metz, Lorraine, França	Telhado Hexagonal com 90 m de largura – 8.000 m²	Shigeru Ban (1957 –), Jean de Gastines, Philip Gumuchdjian	Design to Production
	Data de conclusão 2010	**Área** 10.700 m²	**Engenheiros** Terrell Grupo	**Fabricante de madeira especializado** Holzbau Amann
			Empreiteiro Demathieu & Bard	**Membrana de tecido** Taiyo Europe

Eu comprei este chapéu há 10 anos em Paris, mas é o mesmo que você vê em qualquer lugar na Ásia, geralmente usado por trabalhadores do campo. Ele tem uma estrutura de bambu, uma camada de isolamento e papel óleo como impermeabilização. O edifício tem os mesmos elementos fundamentais, incluindo o padrão hexagonal de entrelaçamento.[1]
Shigeru Ban

Pompidou-Metz, um novo posto avançado da matriz da Instituição de mesmo nome, sediada em Paris, é um espaço de exposição para arte visual com um restaurante, loja e auditório. Os três espaços principais da galeria são tubos retangulares de 80 metros de comprimento superpostos uns aos outros com janelas panorâmicas em cada extremidade. Uma torre de concreto e aço de 77 metros de altura conecta os espaços das galerias e toda a estrutura está envolta em uma estrutura em grelha (gridshell) hexagonal de madeira revestida com tecido.

O telhado do Pompidou-Metz foi inspirado, em parte, no tecido entrelaçado de junco que lembra o chapéu chinês que o arquiteto Shigeru Ban encontrou em um mercado de Paris. O telhado, hexagonal em planta, é uma gigantesca estrutura tridimensional em grelha com dupla camada de madeira revestida por tecido, com módulos de 2,9 metros. A estrutura consiste em 650 toneladas-força de elementos de madeira laminada e colada (MLC), pré-fabricados em uma fábrica alemã e montados no local. A maioria desses elementos é formada por pranchões (vigas) de MLC com 440 milímetros de largura, 140 milímetros de profundidade e cerca de 15 metros de comprimento. Os pranchões são sobrepostos em três direções e,

então, uma segunda camada é adicionada. Entre elas são colocados blocos de madeira, aumentando a altura e, consequentemente, o desempenho estrutural da montagem. Uma torre tubular de concreto e aço, que abriga a circulação vertical e o acesso aos elementos da galeria elevada, dá suporte à proa do telhado chapéu de madeira com um anel tubular de aço. Anéis similares são também utilizados para formar quatro aberturas no telhado para as galerias salientes. Curiosamente, a montagem da estrutura em madeira foi iniciada por seu ponto mais alto, e, utilizando-se torres de suporte como andaimes, a estrutura de madeira foi construída a partir dessa torre central seguindo para as vigas de borda. As próprias vigas de borda são também de MLC, mas com uma seção consideravelmente mais alta do que a do telhado; elas funcionam como simples estruturas em arco bidimensionais, minimizando o número de apoios de borda para seis: um para cada vértice do hexágono. Os apoios de borda são formados puxando-se para baixo a estrutura da grelha através do plano horizontal de modo a formar seis pilares treliçados tridimensionais, afastados da extremidade da estrutura. Essa complexa estrutura gridshell de madeira se estende por até 40 metros.

1
Vista noturna do Pompidou-Metz quase concluído, com a estrutura gridshell de madeira claramente visível através da pele de tecido PTFE

Embora hexagonal em planta, essa não é uma superfície simétrica. A geometria dessa grelha de madeira é puxada para cima e para baixo através da planta horizontal, utilizando tanto a curvatura sinclástica quanto a anticlástica para proporcionar rigidez. Os pequenos raios de curvatura dos pilares treliçados permitem excelente rigidez estrutural e capacidade resistente às forças de vento. A estrutura passou por rigorosos ensaios de túnel de vento no Nantes' CSTB (Centre Scientifique et Technique du Bâtiment), bem como por ensaios de carregamentos de neve e consequentes efeitos climáticos internos.

O projeto estrutural original do Pompidou-Metz foi realizado pela Unidade Avançada de Geometria do estúdio de Cecil Balmond então ligado ao escritório Arup. Esse projeto inicial era diferente das estruturas gridshell convencionais por empregar vigas recíprocas, fabricadas com aço e madeira, especificamente projetadas para simplificar as ligações, formando com os nós em tecido um "sanduíche" estrutural. A realização final do projeto utilizou o sistema gridshell mais convencional de uma grade de madeira de camada dupla entrelaçada em três sentidos, constituída por seis camadas de pranchões de madeira MLC a cada 400 milímetros com parafusos de aço ligando os nós. O uso da madeira MLC, contudo, tornou possível a pré-fabricação dos pranchões com um raio específico: cada um fabricado com uma única curvatura ao longo do seu comprimento, e foi então minuciosamente analisada pelo Computer Numerical Control (CNC) para introduzir uma curvatura (torção) secundária. Teria sido possível laminar as pranchas de madeira em duas direções, mas, para fins de fabricação, decidiu-se criar elementos curvos grandes e únicos e aplicar mecanicamente a curvatura adicional. Os elementos laminados de madeira são conectados de ponta a ponta utilizando-se placas de aço emendadas na parte superior de cada prancha e, então, parafusadas.

A estrutura de madeira é coberta por uma membrana impermeável feita de fibra de vidro e Teflon (politetrafluoretileno ou PTFE). O PTFE é cortado a partir de uma folha plana e montado em painéis utilizando-se o padrão de corte para imitar precisamente a forma de madeira. A membrana é então conectada de volta à estrutura usando perfis de aço T. O tecido é mantido a 300 milímetros de distância da estrutura de madeira, a fim de permitir um suave fluxo de ar para evitar a condensação.

1 Lang Ho, C., 'Entrevista: Shigeru Ban' in *Modern Painters*, 28 de maio de 2010, p. 22

4	4.4	4.4.7
Estudos de caso	2000–2010	**Pompidou-Metz**

2
Diagrama mostrando a dupla curvatura das pranchas de madeira. A primeira curvatura é feita no elemento laminado colado com um raio único ao longo do comprimento do membro. Uma curvatura adicional (ou torção) é, então, introduzida pela usinagem do elemento de madeira em torno sua menor seção

3
Pranchões de madeira MLC com dupla curvatura sendo preparadas na fábrica na Alemanha. Cada uma possui aproximadamente 15 metros de comprimento

4
Detalhe de uma ferramenta especial, criada para ligar as pranchas no local de obra

5
Modelo computacional da treliça de madeira, com todos os elementos a dimensionar

6
Fotografia da construção, destacando as vigas de madeira de borda e as estruturas tubulares de aço fixadas em torno das galerias salientes

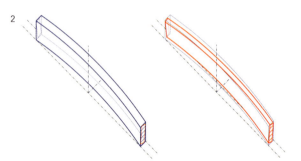

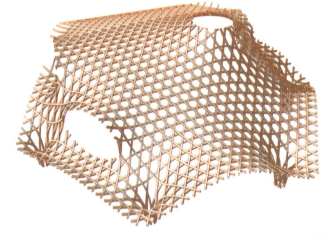

7
Detalhe de modelo computacional que mostra a geometria do pilar treliçado

8
Detalhe do pilar treliçada de madeira, mostrando o anel de aço que mantém o tecido PTFE de cobertura

9
Diagrama mostrando a geometria da estrutura treliçada de madeira de dupla camada e três sentidos

10
Olhando a partir do topo de um dos tubos da galeria, pode-se ver a segunda camada de tábuas de madeira sendo colocada sobre a grelha, com blocos de espaçamento à mostra

11
Fotografia interior mostrando a intersecção entre a torre de serviço tubular de aço e o ápice da estrutura de telhado em madeira

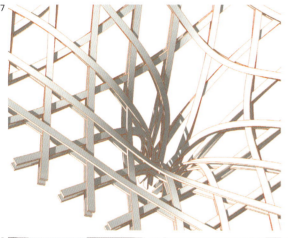
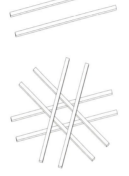

4
Estudos de caso

4.4
2000–2010

4.4.8
Burj Khalifa

Descrição estrutural	Localização	Área	Arquiteto e engenheiro	Empreiteiro
Torre com núcleo com contraforte	Dubai, Emirados Árabes Unidos	280.000 m²	William F. Baker (1953 –), Skidmore, Owingsand Merrill (sócio responsável pela engenharia de estruturas e civil)	Samsung / BESIX / Arabtec
	Ano de conclusão 2010	**Altura** 828 m		**Fundação empreiteira** NASA Multiplex

Apesar de o prédio mais alto do mundo, e, na verdade, a mais alta estrutura feita pelo homem, estar localizada no Oriente Médio, o Burj Khalifa é muito mais um produto da engenharia norte-americana e, mais especificamente, um arranha-céu concebido em Chicago. A localização do mais alto "arranha-céu" foi uma competição com constantes mudanças, seguindoas migrações econômicas e, agora, encontrou seu localem Dubai. A empresa Skidmore, Owingsand Merrill (SOM), com sedeem Chicago, tem tido um papel significativo na evolução dos "arranha-céus", projetando cinco entre dez dos mais altos edifícios do mundo. Nesse contexto é importante fazer referência à notável contribuição que Fazlur Khan, engenheiro da SOM, deu ao desenvolvimento de novas formas de se pensar estruturalmente os "arranha-céus", tais como o "tubo treliçado" do John Hancock Center e o "tubos coligados" da Sears Tower (agora renomeada como Willis Tower). As silenciosas, porém significativas inovações do legado de Khan ainda ressoam na construção de edifícios altos, na qual as eficiências estrutural e material são alcançadas por meio de configurações geométricas e releituras radicais da engenharia ortodoxa.

A 828 metros de altura, o Burj Khalifa estabelece um novo recorde na altura de edifícios, o qual, por razões econômicas, é improvável de ser superado em um futuro próximo. Esse bloco predominantemente residencial foi concebido com uma planta em formato de Y, a qual proporciona maior área de superfície (e, portanto, maior vista panorâmica). Mais importante, no entanto, e que é sem dúvida um feito de engenharia, é o aumento da estabilidade estrutural que a forma do Y proporciona, aplicando o que William F. Baker descreve como um sistema estrutural de "núcleo com contraforte". O núcleo, um tubo hexagonal que contém todo o acesso vertical, é reforçado por três "asas" a 120 graus em planta. Pouco usual para um edifício dessa imensa altura, a forma externa da estrutura é assimétrica, a qual não é apenas um conceito de projeto pouco usado, mas o resultado de extensos testes em túnel de vento e numerosas modelagens da torre utilizando-se a dinâmica dos fluídos computacional, que confirmaram que afinando a estrutura e equilibrando as alterações escalonadas na largura do edifício se impediria formação de vórtices e se reduziria substancialmente a ação da força do vento sobre o edifício. Os efeitos do vento são também mitigados pelos batentes de vidro, ou "barbatanas", que a empresa SOM comparou às reentrâncias de uma bola de golfe, "para criar turbulência na superfície e reduzir as forças de arrasto no edifício.[1]

O edifício foi construído em concreto armado – uma proeza que teria sido inimaginável em 1965, quando Fazlur Khan tinha aparentemente estabelecido um recorde para projeto de arranha-céu em concreto armado com o BrunswickBuilding, de 37 andares, em Chicago. Novas técnicas de análise e o refinamento da tecnologia de

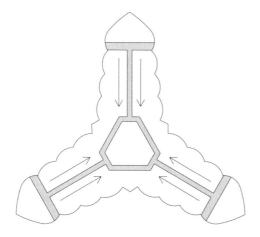

concreto tornaram o projeto Burj possível. No entanto, os desafios técnicos do bombeamento de concreto a tais alturas por tão longas distâncias e em tão extremo calor foram consideráveis (as temperaturas podem exceder 50° C). Outros desafios técnicos para um edifício dessa grandeza, e com significativo carregamento estático, são as alterações decorrentes do tempo, tais como a retração e a fluência do concreto. Ao longo de um período de 30 anos se prevê que o encolhimento vertical irá reduzir a altura do prédio em aproximadamente 300 milímetros. Essa retração e a fluência também criam alterações no desempenho estrutural do concreto armado de tal forma que se altera a proporção entre as forças que se distribuem entre o concreto e a armadura. Estimou-se que imediatamente após a construção, o concreto nas paredes e piso do nível 135 suportariam 85% das forças, com o aço suportando 15%. Está previsto que após 30 anos essa proporção terá mudado para 70% e 30%, com a armadura recebendo o dobro das forças que recebia quando da conclusão da estrutura.

O edifício está apoiado em uma sólida laje de fundação com 3,7 metros de espessura de concreto. O material é o concreto C50 auto-adensável (CAA). Essa laje de fundação é apoiada em 194 estacas, cada uma com 1,5 metros de diâmetro e 43 metros de comprimento, e cada uma projetada para uma capacidade de 3.000 toneladas-força. Na água subterrânea do local foram encontradas altas concentrações de cloreto e sulfato, que poderiam se mostrar extremamente corrosivas para as fundações. Diversas estratégias foram empregadas para evitar essa corrosão potencialmente prejudicial, tais como uma mistura especialmente formuladade concreto, várias tecnologias de impermeabilização e de proteção catódica por meio de uma malha de titânio sob a laje de fundação, para repelir substâncias químicas nocivas.

A sequência construtiva da torre foi também vital para a durabilidade de longo prazo da estrutura, especialmente à luz da disposição assimetricamente espiralada dos recuos estruturais de fachada. A superestrutura da torre usa uma variedade de misturas de concreto com resistência cúbica C60 ao C80, contendo cimento Portland e cinzas volantes e foi construída utilizando-se um sistema de forma trepante, uma mistura de formas de aço especialmente projetada para pilares curvos e sistemas próprios para lajes de concreto.

A grande escala desse projeto é talvez melhor ilustrada com dados climáticos que mostram que a temperatura ao solo de 46,1 °C é reduzida para 38 °C no 162° andar no topo da torre. Do mesmo modo, há uma redução de 30% na umidade entre a parte superior e a parte inferior do edifício.

1 Baker, W. F., Mazeika, A., and Pawlikowski, J., 'The Development of Burj Dubai and The New Beijing Poly Plaza' in *Structures Congress 2009: Integrated Design: Everything Matters,* American Society of Civil Engineers, pp.1–10

4　　　　　　　　　　4.4　　　　　　　　　　**4.4.8**
Estudos de caso　　　2000–2010　　　　　　**Burj Khalifa**

1, 2
O Burj Khalifa concluído, atualmente o edifício mais alto do mundo: observe os recuos assimétricos, projetados para "confundir" o vento

3
Testes em túnel de vento do modelo da torre em escala 1:500. Os modelos de túnel de vento contêm válvulas de pressão para coletar dados de vento a partir de diferentes áreas do modelo de construção

4
Detalhe da estrutura de concreto com revestimento colocado em quatro andares. A natureza acelerada da construção contemporânea significa que a estrutura e o revestimento final são programados simultaneamente para permitir o acabamento interno

5
O Burj Khalifa em construção com o núcleo e o contraforte visíveis

Referências e leituras complementares

Ackermann, Kurt (et al), *Building for Industry (Industriebau)*, Surrey: Watermark Publications, 1991

Adams, Jonathan, *Columns: Detail in Building*, London: Academy Editions, 1998

Addis, William, *Creativity and Innovation: The Structural Engineer's Contribution to Design*, Oxford: Architectural Press, 2001

Anderson, Stanford (ed.). *Eladio Dieste, Innovation in Structural Art*, New York: Princeton Architectural Press, 2004

Bechthold, Martin, *Innovative Surface Structures Technologies and Applications*, Oxford: Taylor & Francis, 2008

Beukers, Adriaan, *Lightness: the inevitable renaissance of minimum energy structures*, Rotterdam: 010, 1998

Bill, Max, *Robert Maillart: Bridges and Constructions*, London: Pall Mall Press, 1969

Billington, David P., *The Art of Structural Design: A Swiss Legacy*, New Haven: Yale University Press, 2003

Blaser, Werner, *Mies van der Rohe*, London: Thames and Hudson, 1972

Blockley, D., *The New Penguin Dictionary of Civil Engineering*, London: Penguin, 2009

Boaga, Giorgio, and Boni, Benito, *The Concrete Architecture of Riccardo Morandi*, London: Alex Tiranti, 1965

Borrego, John, *Space Grid Structures*, Cambridge, MA: MIT Press, 1968

Burgess, S. C., and Pasini, D., 'Analysis of the structural efficiency of trees' in *Journal of Engineering Design*, Vol. 15, No. 2, April 2004, pp.177–193, Oxford: Taylor & Francis, 2004

Carter, Peter, *Mies van der Rohe at Work*, London: Phaidon, 1999

Chanakya, Arya, *Design of Structural Elements*, Oxford: Taylor & Francis, 2009

Chilton, John, *The Engineer's Contribution to Contemporary Architecture: Heinz Isler*, London: Thomas Telford, 2000

Cobb, Fiona, *Structural Engineer's Pocket Book*, Oxford: Butterworth-Heinemann, 2008

Coucke, P., Jacobs, G., Sas, P., and De Baerdemaeker, J., *Comparative Analysis of the Static and Dynamic Mechanical Eggshell Behaviour of a Chicken Egg*, Department of Agro--engineering and Economics, International Conference on Noise and Vibration Engineering, ISMA 23, September 16–18 1998, pp.1497–1502, Department of Mechanical Engineering, KU Leuven, Belgium, pode ser baixado no formato PDF em www.isma-isaac.be/publications/isma23

Coutts, M. P., and Grace, J., *Wind and Trees*, Cambridge: Cambridge University Press, 1995

Denny, Mark, *The Physical Properties of Spider's Silk and their Role in the design of Orb-webs*, Department of Zoology, Duke University, Durham, North Carolina, 1976, pode ser baixado no formato PDF em: jeb.biologists.org/content/65/2/483.full.pdf

Elliot, Cecil D., *Technics and Architecture*, Cambridge, MA: MIT Press, 1992

Engel, Heinrich; *Structure Systems*, New York: Van Nostrand Reinhold Company, 1981

Fisher, R. E., *Architectural Engineering – New Structures*, New York: McGraw-Hill, 1964

Fuller, R. B., *Inventions: The Patented Works of R. Buckminster Fuller*, New York: St. Martin's Press, 1983

Gole, R. S., and Kumar, P., *Spider's silk: Investigation of spinning process, web material and its properties*, Department of Biological Sciences and Bioengineering, Indian Institute of Technology Kanpur, Kanpur, 208016, pode ser baixado no formato PDF em: www.iitk.ac.in/bsbe/web%20on%20asmi/spider.pdf

Goodchild, C. H., *Economic Concrete Frame Elements: A Pre-Scheme Design Handbook for the Rapid Sizing and Selection of Reinforced Concrete Frame Elements in Multi-Storey Buildings*, Surrey: British Cement Association, 1997

Gordon, J. E., *Structures: Or Why Things Don't Fall Down*, London: Penguin, 1978

Greco, Claudio, *Pier Luigi Nervi*, Lucerne: Quart Verlag, 2008

Heartney, E., *Kenneth Snelson: Forces Made Visible*, Stockbridge, MA: Hard Press Editions, 2009

Heyman, Jacques, *Structural Analysis: A Historical Approach*, Cambridge: Cambridge University Press, 1998

Hilson, Barry, *Basic Structural Behaviour*, London: Thomas Telford, 1993

Holgate, Alan, *The Work of Jörg Schlaich and his Team*, Stuttgart: Axel Menges, 1997

Hunt, Tony, *Tony Hunt's Structures Notebook*, Oxford: Architectural Press, 1997

Ioannides, S. A., and Ruddy, J. L., *Rules of Thumb for Steel Design* (paper presented at the North American Steel Conference), Chicago: Modern Steel Construction, February 2000, pode ser baixado no formato PDF em: www.modernsteel.com/issue.php?date=February_2000

Kappraff, J., *Connections*, New York: McGraw-Hill, 1991

Khan, Y. S., *Engineering Architecture*, New York: Norton, 2004

Krausse, J., *Your Private Sky – Buckminster Fuller*, Zürich: Lars Müller Publishers, 2001

LeDuff, P., and Jahchan, N., *Eggshell Dome Discrepant Event*, Teacher's Guide SED 695B, 2005, http://www.csun.edu/~mk411573/discrepant/discrepant_event.html

Macdonald, A. J., *Structure & Architecture*, Oxford: Architectural Press, 2001

Margolis, I., *Architects + Engineers = Structure*, London: John Wiley & Sons, 2002

Mark, R., *Experiments in Gothic Structure*, Cambridge, MA: MIT Press, 1989

Megson, T. H. G., *Structural and Stress Analysis*, Oxford: Elsevier, 2005

Millais, M., *Building Structures*, London: E & F Spon, 1997

Morgan, J., and Cannell, M. G. R., *Structural analysis of tree trunks and branches: tapered cantilever beams subject to large deflections under complex loading*, Tree Physiology 3, pp.365–374, Victoria, BC: Heron Publishing, 1987, pode ser baixado no formato PDF em: treephys.oxfordjournals.org/content/3/4/365.full.pdf

Mosley, B., Bungey, J., and Hulse, R., *Reinforced Concrete Design*, Basingstoke: Palgrave, 2007

Nerdinger, W., *Frei Otto: Complete Works*, Basel: Birkhauser, 2005

Nerdinger, W. (et al), *Wendepunkte im Bauen Von der seriellen zur digitalen Architektur*, Munich: Edition Detail, 2010

Nervi, Pier Luigi, *Structures*, New York: F. W. Dodge Corporation, 1956

Nordenson, Guy (ed.), *Seven Structural Engineers: The Félix Candela Lectures*, New York: Museum of Modern Art, 2008

Otto, Frei, *Finding Form*, Fellbach: Edition Axel Menges, 1995

Popovic Larsen, O., *Reciprocal Frame Architecture*, Oxford: Architectural Press, 2008

Rice, P., *An Engineer Imagines*, London: Ellipsis, 1993

Sandaker, B., *The Structural Basis of Architecture*, Oxford: Routledge, 2011

Scott, Fred, *On Altering Architecture*, Oxford: Routledge, 2007

Steel Construction Institute, *Steel Designers' Manual*, Chichester: Wiley-Blackwell, 2005

Torroja, Eduardo, *Philosophy of Structures*, Los Angeles: University of California Press, 1958

Twentieth-Century Engineering, exhibition catalogue, New York: Museum of Modern Art, 1964

Veltkamp, M., *Free Form Structural Design: Schemes, Systems & Prototypes of Structures for Irregular Shaped Buildings*, Delft: Delft University Press, 2007

Wachsmann, K., *The Turning Point of Building*, New York: Reinhold, 1961

Wells, M., Engineers: *A History of Engineering and Structural Design*, Oxford: Routledge, 2010

Websites úteis:
http://en.structurae.de
http://eng.archinform.net
http://designexplorer.net/
http://www.tatasteelconstruction.com

(websites acessados em 10.10.12)

Índice

Números de página em itálico referem-se à legenda das figuras

abóbadas
ensaio de carga, 92, 95
grelha, 91
mais abobadada, 116–17
nervuradas, 114–15
tijolo, 95
ver também cúpulas
aço
aço convencional, 52, 62
aço estrutural, 40, 42, 43, 44, 46
aço inoxidável, 139, 150, 168, 170, 171, 190–3
avaliação estrutural, 74
camada, 138, 150–1, 190–3
chapa de aço, 137, 138, 150, 151, 190
compressão, 42, 43
concreto armado, 43, 48
cúpulas, 80
deformação, 74
deformação, 43, 44, 46
estruturas, pórticos, 62, 64, 69, 74, 80, 130–1, 181, 186–9
fadiga, 47
falha, 44, 47, 74
flexibilidade de uso, 74
grau, 44, 47
grelha, gridshell, 122–3
módulo de elasticidade, 44, 46
peso, 74, 75
pilares, 33, 52, 152–5, 186–7, 188
pontes, 79, 80, 120–1
propriedades, 47, 74, 78–80
resistência à tração, 43, 81
sustentabilidade, 74, 75
telhados, 79, 80, 140–3
tensão, 40, 42, 43, 44, 46, 48
torres, 118–19, 122–3
treliça, 118–19, 122–3
treliça, 80, 139
treliças, 79, 120–1, 152–5, 172–5, 182–5
vibração, 74
vigas, 33, 42, 44, 52, 74, 78–80, 176–7
adequação à finalidade, 24, 56–7
alma de madeira compensada, 83
Alsop, William: Expansão do Ontario College of Art and Design, Toronto, Canadá, 172-5
alumínio, 44, 46, 134, 138, 156, 172
Aon Center, Chicago, USA, 72
arcobotante, *20, 21, 198–201*
arcos
arcos, arcos catenários, *59,* 88, 150–1
arcos, arcos ogivais, 14, *15, 96*
arcos, compressão, *15,* 59
arcos, estabilidade, 79, 80
arcos, flexão, 58, 59
arcos, tração, *15*
arqueduto romano, Segóvia, Espanha, 59
Arwade, Dr. Sanjay, 91
Baker, Benjamin: Ponte Forth Rail, Queensferry, Escócia, *21,* 120–1
Baker, William F. (Skidmore, Owings and Merrill), 198
Baldwin, Frederick: Torre tetraédrica, Nova Escócia, Canadá, 124-5
Ban, Shigeru, 178
Barlow, William Henry: Estação Ferroviária St. Pancras Shed, Londres, 79, 116-7
Bartoli, John, 141
Behnisch, Günter: Cobertura do Estádio Olímpico de Munique, Munique, Alemanha, *59,* 158–61
Bell, Alexander Graham: Torre tetraédrica, Nova Escócia, Canadá, 124–5
BIM – modelo de informação integrada de construção, 104
Bini, Dr. Dante: Cúpulas Bini – forma inflável, New South Wales, Austrália, 162–3
biomimética, 7, 159
bolhas de sabão, 16, 17
borracha natural, 46
Brouwn, Stanley: 'Het Gebouw' (O edifício), Leidsche Rijn, Utrecht, Holanda, 178–81
Büro Happold, *59, 89*
cabelo humano, 18, 19–21, 46
cabos, 39, 88, *103,* 156–61

Calatrava, Santiago: Aquário de casca de concreto, Valência, Espanha, *61*
cálculo elástico, 40, 50
Candela, Félix, *94,* 162, 166
Concrete Shell Aquarium, Valencia, Spain, *61*
Restaurante *Los Manantiales, Cidade do México, México, 132–3*
Cape Fear Memorial, ponte treliçada, Wilmington, Estados Unidos., *60*
características geométricas das seções transversais, 40, 44, 50
carregamentos sísmicos, 63
compressão axial, 52–4, 96
estado de serviço, *ver também* Adequação à finalidade
flexão, 50–1
gangorra, 28, 29
módulos resistentes, 40, 41, 50, 51
ver também deformação
carregamento permanente, 48, 56, 74, 190
carregamentos de neve, 126, 187, 188, 195
carregamentos externos, 25
axiais, 25, 26, 40, 44, 52–4, 96
carregamentos transversais, 25
cisalhamento, 25, 26, 27, 30, 40, 43, 49, 176
compressão, 21, 25, 26, 35, 44, 52–4, 69, 96, 102
deformação, 12, 44
ensaio de carregamento, 92–103
equilíbrio estático, 24, 25, 28–9, 40
esforços internos, 25, 26–7, 40
forças concentradas, 26–9, 30, 34, 36–8, 41–2, 59, 61, 78, 96
forças distribuídas, 26, 36–7, 39, 55, 71, 90, 144
mecânismos de transferência de força, 21, 30, 58, 60, 61, 64, 68, 69, 176
tração, 21, 25, 26, 30
carregamentos variáveis, 56, 88, 104, 105, 120, 173, 191
carregamentos, *ver também* carregamentos permanentes; carregamentos externos; carregamentos variáveis; carregamentos sísmicos; carregamentos de neve; forças de vento, 24
casca de ovo, 14, 15
cascas de gelo, Cornell University, NY, 91
Charlton, David, 102
Christoph Ingenhoven and Partner: estação de trem em Stuttgart, Alemanha, *89*
círculos de pessoas, 21
coberturas, 134, *135,* 140–3, 170
coeficiente de Poisson, 44, 45
compressão
arcos, 15, *59*
compressão axial, 52–4, *96*
eixo neutro, 27, 40, 41, *43,* 50, 51
estruturas *tensegrity,* 18, 156, 157
estruturas, pórticos, 59, 60, 61, 62, 64, 66
falha, 52
flexão, 40, 41, 43, 50
forças externas, *21,* 25, 26, 35, 44, 52–4, *69, 96, 102*
forças internas, 25, 26, 27
na natureza, 14, *15,* 18
pilares, *21,* 26, 41, 52, 53
resistência, 42, 43, 48, 49
treliças, 35
vigas, 30, 40, 41, 50, 81
agendas de obras, 74, 75, 76
apoio de viga, 33, 43
compressão, 43, 48
concreto armado, 43
concreto padrão, 62
cúpulas, 61, *94*
deslocamento, 48
estruturas, *62,* 74, 81
estruturas em casca, 61, *94,* 134–5, 162
falha, 43
fluência, 48, 199
grau, 48
lajes, 78, 79, 81, 84, 140
módulo de elasticidade, 46, 48
peso, 74
propriedades, 43, 48, 81
resistência à tração, 43
retração, 48, 199

sustentabilidade, 74
tensão-deformação, 43, 46, 49
vigas, 48, 78, 81
concreto armado, 48
avaliação estrutural, 75
cúpulas, 162–3
deformação, 75
estruturas, 64, 75, 176–7
estruturas em casca, 88, 128–9, 132–3, 144–9
flexão, 43, 92
flexibilidade de uso, 75
lajes, 84, 85, 126
peso, 75
propriedades, 43, 48, 75
resistência à tração, 43
sustentabilidade, 75
telhados, 61, 126–7, 140–3
vibração, 75
vigas, 33, 43, 75, 81, 182–5
Contarini, Bruno, 164
Cúpula Millenium, Londres, 70
cúpulas, 14, 17, 60, 61, 69, 70
aço, 80
concreto, 61, 94, 162–3
ensaio de carregamento, 92, 94
geodésicas, 80, 124, 136–9
lamelares, 60, 80
curvas catenárias, 88, 89
deformação específica, 44–6
definido, 40
deformação, 12, 44
falha, 44
índices, 14, 40, 43, 44–6, 49
medida, 44, 45, 46
tipos, 44, 45
tração, 44, 45
deslocamento
aço, 74
adequação à finalidade, 24, 56–7
balanço, 56
cálculos, 36, 37, 55
concreto, 48, 75
definido, 55
lajes, 56
lateral, 57, 63
madeira, 76
pilares, 30, 52
vertical, 56
vigas, 30, 32, 36–7, 44, 48, 55, 56, 74, 75
diafragmas
lajes, 61, 64, 65, 66, 68
paredes, 126, 158
Dinâmica dos Fluidos Computacional (CFD), 104, 108–9, 198
Eiffel, Gustave: Torre Eiffel, Paris, França, 118–19
eixo neutro, 27, 40, 41, 43, 50, 51
Engel, Heinrich, 24, 58, 62
equações de Euler, 52, 53
equações de Navier-Stokes, 108
escoras, 26, 41
esforços internos, 26–39
análise, 24, 30–9
carregamentos comuns sobre vigas, 36–9
carregamentos externos, 25, 26–7, 40
cisalhamento, 25, 26, 27, 30, 36–8, 40, 60, 64, 68
compressão, 25, 26, 27
deslocamento, cálculo, 36, 37, 55
equilíbrio estático, 25, 28–9, 40
método das seções, 28, 30, 34–5
momentos fletores, 25, 27, 28, 30, 34, 36, 37, 38, 55
tensão, 40
torção, 25, 26, 27, 38, 42, 98
tração, 25, 26, 158
estado de 'em serviço', ver adequação à finalidade
estruturas
aço, 62, 64, 69, 74, 80, 130–1, 181, 186–9
balanço, 130, 150, 156, 173, 174
cabos, 69, 103, 158–61
cascas de concreto, 61, 88, 94, 128–9, 132–5, 144–9, 162
categorias, 58–72
celulares, 61, 68
compressão, 59, 60, 61, 62, 64, 66

concreto, 62, 64, 75, 81, 176–7
contraventadas, 66–7, 71, 72
engastadas, 30, 31
equilíbrio estático, 24, 25, 28–9, 30, 35, 40, 41
espiral, 12, 92, 199
estabilidade, 30, 63, 64–7, 71, 172–3, 176, 186, 190
estabilidade, 19, 24, 57, 63–70, 96, 102, 152, 153
flexão, 40, 41, 43, 50, 51, 58, 61, 92
força, 24, 25
forma-ativa, 59, 61, 62
grelha, gridshell, 59, 69, 91, 122–3, 194–7
grelhas, 72
hiperbólicas, 91, 122–3, 132–3
madeira, 62, 76
materiais estruturais, 74–6
momentos fletores, 64, 66
momentos fletores, ver também vigas, 30, 43, 60, 140, 175
na natureza, 10–21, 88
pneumáticas, 59, 138, 159, 162–3
pórtico, 80, 96, 130–1, 190–3
rígido, 62, 64, 65, 66, 71
rotuladas, 30, 31
seção-ativas, 62
sistema mistos de contraventamentos, 71
superfície-ativas, 61
tensoestruturas em tecido, 59, 69, 70, 138, 159
treliça, 60, 71, 72, 80, 102, 124–5, 136, 139
treliças, 60, 80, 102, 124–5, 136, 139
tubular, 72, 138, 139, 156–7, 178–81, 198–201
ver também arcos; pontes; pilares; cúpulas; estruturas, estruturas em casca; tensegrity; torres
vetor-ativas, 60, 62
vibração, 74, 75
vidro, 102, 166–71
estruturas em balanço, 178–85
cilíndrico, 164–5
cisalhamento, 19, 38
cobertura, 129, 140–3, 170
definido, 19
deformação, 56
ensaio de carregamento, 96, 98, 100–1
estabilidade, 19, 98
estruturas, 130, 150, 156, 173, 174
momentos fletores, 19, 27, 38
natural, 10, 19
pilares, 52,126
pontes, 21, 120–1
vigas, 27, 38, 56, 79, 81, 170
estrutura em casca
cascas de gelo, 91, 145
concreto, 61, 88, 94, 128–9, 132–5, 144–9, 162
ver também cascas de ovo
Faber, Colin, 132
Farol Bell Rock, 92, 93
Farol Eddystone, 93
ferro, 46, 116
ferrocimento, 141
fibra de carbono, 43, 46
financeiras, questões, 74, 75, 76
forças de vento, 63, 64, 68, 107, 108–9, 122, 124, 175
Fowler, John: Ponte Forth Rail, Queensferry, Escócia, 21, 120–1
Fuller, Richard Buckminster, 112, 124, 136–7, 156, 157
Cúpula Geodésica (Fly's Eye), Snowmass, Colorado, EUA, 139
Cúpula Wood River, Wood River (Rio Madeira), Illinois, EUA, 138
USA Pavilion (Pavilhão dos EUA), Montreal Expo, Canadá, 80, 139
García-Abril, Antón: , a casa Hemeroscopium, Las Rozas, Madrid, Espanha, 113, 182–5
Gaudí, Antoni, 89
Casa Milà, Barcelona, Espanha, 59
Glen Howells Arquitetos: O Edifício Savill, Windsor Great Park, Reino Unido, 59
grafeno, 46
Grimshaw, Nicholas: Projeto Eden, Cornwall, Reino Unido, 17, 80
Haller, Fritz: Sistemas Maxi/Mini/Midi, 152–5
hangares de dirigíveis, 70

iglus, 70
Ingber, Don E. (Wyss Institute, Harvard), 18, 157
International Association for Shell Structures (IASS), 128
Ishigami, Junya: Oficina/Mesa do Kanagawa Institute of Technology, Japão, 186–9
Isler, Heinz, 88, 91, 144–5, 158, 162
    Brühl Sports Centre, Solothurn, Suíça, 148–9
    Deitingen Süd Service Station, Suíça, 144, 145, 147
    Wyss Garden Centre, Suíça, 145, 146
John Hancock Center, Chicago, EUA, 72, 198
Kelly, John Terrence: Lamella Dome, Materials Park, South Russell, Ohio, EUA, 60
Khan, Fazlur (Skidmore, Owings and Merrill), 198
Kilian, Dr. Axel, 151
Koechlin, Maurice, 118
Kreuck & Sexton: Crown Hall, IIT, Chicago, EUA, 131
Kröller-Müller Museum, Otterlo, Países Baixos, 156, 157
lajes, 57, 58, 61, 64, 65, 66, 68
    concreto, 78, 79, 81, 84–5, 126, 140
    deformação, 56
    e vigas, 78, 79, 81, 84, 85
    laje nervurada birecional, 84, 85
    lajes (laje-piso), 64, 65, 140, 162
Louisiana Superdome, EUA, 80
Lubetkin, Berthold: Penguin Pool, Zoológico de Londres, Londres, 92
Lucas, Timothy, 6–7, 190
Macfarlane, Tim, 166–7
    Broadfield House Glass Museum (Museu Casa de Vidro Broadfield) (Design Antenna), 169
    Cobertura de entrada da estação Yurakucho, *Tóquio, Japão*, 170
    extensão toda em vidro, Londres (Mather), 169
    Joseph Shop (Loja Joseph), Londres (Jiricna), 168
    Lojas Apple (Bohlin Cywinski Jackson), 171
    Residência Klein, Santa Fé, Novo México (Ohlhausen DuBois Architects), 167, 168
madeira
    avaliação estrutural, 76
    classes de resistência, 49
    compressão, 43, 49
    coníferas, 10, 46
    deslocamento, 76
    elasticidade, 49
    estado de serviço, 49
    estruturas, 62, 76
    fibras, 43
    flexão, 49
    flexibilidade, 76
    fluência, 49
    folhosas, 10
    grau, 49
    grelha, gridshell, 194–7
    imperfeições, 49
    madeira padronizada, 49, 62
    módulo de elasticidade, 46
    peso, 76, 83
    propriedades, 43, 49, 76, 82–3
    resistência à tração, 49
    sustentabilidade, 76, 82
    telhados, 76, 83
    tensão-deformação, 10, 43, 46, 49
    ver também vigas laminadas coladas
    vigas, 33, 49, 82–3
madeira laminada cruzada, 49, 83
madeira laminada Strand Lumber, 83
madeira micro-laminada (Laminated Veneer Lumber), 49, 76, 83
Maillart, Robert, 126, 166
    Armazém Magazzini Generali, Chiasso, Suíça, *113*, *126–7*
Mark, Professor Robert, 104, 105
mastros, 118–19
McLaughlin, Niall: Passarela Meads Reach, Bristol, Inglaterra, 190–3
Método dos Elementos Finitos (MEF), 6, 57, 104, 106–7, 170, 190, 192
Mies van der Rohe, Ludwig: Crown Hall, IIT, Chicago, EUA, 130–1
módulo de elasticidade, 36, 37, 44, 46, 55
módulo resistente plástico, 50
módulos elásticos, 44, 50, 51

Morandi, Riccardo, 6
Murphy and Mackey Architects: The Climatron, St. Louis, Missouri, EUA, 138
natureza
    estruturas, 10–21, 88
    protótipos, 7, 88, 124, 159
Nervi, Antonio: Palazzo del Lavoro (Palácio do Trabalho), Turin, Itália, 140, 142–3
Nervi, Pier Luigi, 6, 94, 112, 127, 140–1, 166
    Lamella Dome, Palazzetto Dello Sport, Roma, Itália, 60
    Palazzo del Lavoro (Palácio do Trabalho), Turin, Itália, 140, 142–3
Niemeyer, Oscar: Museu de Arte Contemporânea de Niterói (MAC-Niterói), Rio de Janeiro, Brasil, 164–5
Nouguier, Emile, 118
One Canada Square, Londres, 71
osso, 12, 46
Otto, Frei, 88, 112, 158, 159
    Cobertura do Estádio Olímpico de Munique, Alemanha, 59, 158–61
    estação de trem em Stuttgart, Alemanha, 89
    modelos da película de sabão, 88, 90
paredes
    como diafragmas, 126, 158
    para estabilidade, 68, 71
    paredes de cisalhamento, 66, 71
pedestal, 98, 107
pilares
    aço, 33, 52, 152–5, 186–7, *188*
    altura e largura, 52, 54
    apoio, condições, 30, 33, 52, 54, 126, 186–7
    balanço, 52, 126
    compressão, *21*, 26, 41, 52, 53
    contraventamento, 71
    deslocamento, deformação, 30, 52
    instabilidade, 52, 53
    módulo de elasticidade, 52
    na natureza, 10, *20*
    seções padronizadas, 52, 54
    treliças, 152–5
    ver também estruturas; pedestal
pisos e estabilidade, 57, 61, 64, 65
plástico, 50, 52, 53, 137, 139, 144
Pompidou-Metz, Metz, Lorraine, França, 194–7
ponte suspensa, British Columbia, Canadá, 59
Ponte Sydney Harbour, Austrália, 80
pontes, 47, 59, 60, 81
    aço, 79, 80, 120–1
    balanço, *21*, 120–1
    passarelas, 190–3
    suspensa, pênsil, 59, 88
    treliça, *21*, *60*, 79, 120–1
pontos de controle, *90*
Pringle Richards Sharratt Arquitetos: Jardim de Inverno, Sheffield, Reino Unido, 59
propriedades do material, 40
    deformação, 12, 44
    ductilidade, 40, 44
    elasticidade, 10, 12, 16, 40, 44, 45, 49
    fragilidade, 44, 47, 63
    índices, 12, 14, 40-6
    instabilidade, 52, 53, 151
    materiais isotrópicos, 43
    materiais ortotrópicos, 43, 49
    na natureza, 12, 14, 18
    resistência, 24, 43
    sistemas estruturais, 74–6
proteção contra incêndio, 74, 75, 76, 82
Prouvé, Jean, 112, 140
questões de sustentabilidade, 74, 75, 76, 82
Renzo Piano Building Workshop: The Shard, Londres, 67
resistência ao impacto, 12, 13, 47, 93
resistência ao vento, *ver também* forças de vento, 10, 93, 118, 121, 164, 194–5, 198
Rice, Peter: Pavilion of the Future, Sevilha Expo (1992), 15
Richman, Martin, 190
Robert Haskins Waters Engenheiros, 59
Saarinen, Eero: Monumento Jefferson National Expansion (Arco do portal de entrada), St Louis, Missouri, EUA, 150–1
Sadao, Shoji, 136

Sauvestre, Stephen, 118
Scorer, Sam: Estruturas em casca de concreto, Lincolnshire, Inglaterra, 134–5
Shukhov, Vladimir: Exposição All-Russia (1896), Nizhny Novgorod, Rússia, 122–3
Sir William Arrol & Co., 120
Skidmore, Owings and Merrill (SOM): Burj Khalifa, Dubai, Emirados Árabes Unidos, 198–201
Smithfield Market, Londres, 61
Snelson, Kenneth: estruturas *tensegrity*, 18, 156–7
software
    busca da forma, 88, 90
    Dinâmica dos Fluidos Computacional, 104, 108, 198
    equilíbrio estático, 24, 25, 28–9, 30, 35, 40, 41
    Método dos Elementos Finitos, 57, 106
    Programa CADenary tool, 151
    teias de aranha, 12, 13
Stevenson, Robert, 92
Stewart, Allan: Ponte Forth Rail, Queensferry, Escócia, 21, 120–1
Swiss Re Tower, Londres, 72
Taipei 101, Taiwan, 71
técnica do "método de seções", 28, 30, 34–5
técnicas de modelagem, 91
    Dinâmica dos Fluídos Computacional, 108–9, 198
    Método dos Elementos Finitos, 106–7
    modelagem fotoelástica, 6, 104, 105, 140
    modelo de informação de construção integrado, 104
    modelos de suspensão, 88, 89
    películas de sabão, 88, 90, 159
    ver também uso de modelos/protótipos
Tedesko, Anton, 94
telhados
    abobadado, 116–17
    abóbodas nervuradas, 114–15
    aço, 79, 80, 140–3
    concreto, 61, 126–7, 140–3
    madeira, 76, 83
    nervuras isostáticas, 6, 140–1
    treliça, 79, 113, 126–7
    ver também coberturas
tensão, 40–3
    cisalhamento, 40, 41, 42, 43, 45, 49, 61, 153
    definido, 40
    deformação específica, 44, 45
    esforços axiais, 40, 41, 59
    falha, 40, 56, 74
    flexão, 40, 41, 43, 49, 50–1, 58, 59, 60, 61
    na natureza, 10, 19
    normal, 40, 42, 68
    propriedades do material, 12, 14, 40–3
    resistência, 12, 14, 40–4, 46
    resistência ao escoamento, 40, 42, 46, 47
    torção, 42
tensegrity, compressão, 18, 156, 157
    na natureza, 18, 20
    tração, 18, 156
teoria do cálculo plástico, 40, 50
terceira lei do movimento de Newton, 25, 28
titânio, 46
torres, 71
    aço, 118–19, 122–3
    arcobotante, 20, 198–201
    árvores, *ver também* madeira, 10, 11, 20, 126
    estabilidade, 71, 98, 118, 198
    estrutura tubular, 72, 156–7, 198–201
    estruturas, 20, 21
    estruturas exteriores, 71, 72
    estruturas interiores, 71
    hiperboloide, 122–3
    humanas, 20, 21
    modelagem, 107
    treliça, 124–5
    treliça, 98, 118–19, 122–3
    ver também mastros
Torroja, Eduardo: Hipódromo Zarzuela, Madri, Espanha, 128–9
tração

arcos, 15
deformação específica, 44, 45
esforços internos, 25, 26, 158
estruturas, 59, 60, 61, 62, 64, 66
forças externas, 21, 25, 26, 30
na natureza, 12, 14, 15, 16, 18
resistência à tração, 43, 49, 81
tensão fletora, 40, 41, 43, 50
tensão superficial, 16
tensegrity, 18, 156, 157
tensoestruturas em tecido, 59, 69, 70, 138, 159
treliças, 35
vigas, 30, 40, 41, 44, 81
treliças
    aço, 79, 120–1, 152–5, 172–5, 182–5
    armações, 60, 71, 72, 80
    compressão, 35
    flexão, 58, 60
    método de seções, 28, 30, 34–5
    octeta, 124–5
    pilares, 152–5
    pontes, 21, 60, 79, 120–1
    telhados, 79, 113, 126–7
    tração, 35
    tugstênio, 46
    viga vierendeel, 79, 126, 182, 183
    warren, 79, 182
University of Greenwich, Londres, Reino Unido (protótipos dos alunos), 103
University of Westminster, Londres, Reino Unido (protótipos dos alunos), 91, 96–102
USA Pavilion (Pavilhão dos EUA), Montreal Expo, Canadá (1967), 80, 139
uso de modelos/protótipos
    busca da forma, 88–91
    ensaio de carregamento, 92–103
    natureza, 7, 88, 124, 159
    visualizando forças, 104–9
Valenzuela, Dr. Mark, 91
vibração, 24, 57, 74, 75, 76
vidro, 46, 102, 166–71
vigas, 78–83
    aço, 33, 42, 44, 52, 74, 78–80, 176–7
    apoio, condições de, 30–3, 36–7
    balanço, 27, 38, 56, 79, 81, 170
    cisalhamento, 26, 27, 30, 36–8, 40, 41
    compressão, 30, 40, 41, 50, 81
    concreto, 33, 43, 48, 75, 78, 81, 182–5
    deslocamento, deformação, 30, 32, 36–7, 44, 48, 55, 56, 74, 75
    eixo neutro, 40, 41, *43*, 50, 51
    equações simples, 24, 36–9
    equilíbrio estático, 28, 29, 40, 41
    flexão, 40, 41, 43, 50–1
    força excêntrica, 27, 38, 40
    lajes, 78, 79, 81, 84, 85
    ligações a momento, 30, 31, 33, 64, 79, 81, 152, 153, 178
    ligações engastadas, 30, 31, 32, 37, 52, 72, 79
    ligações rotuladas, 30, 31, 32, 33, 52, 64, 66, 79, 80
    madeira, 33, 49, 82–3
    módulo de elasticidade, 36, 37, 55
    módulos resistentes, 40, 41, 50, 51
    momento de inércia, 36, 37, 41, 42, 44, 50, 52, 55
    momentos fletores, 27, 28, 30, 36, 37, 38, 50, 127
    seções padronizadas, 52, 54, 78, 79, 82, 83
    torção, 27, 38, 42
    tração, 30, 40, 41, 44, 81
    ver também estruturas
vigas laminadas coladas, 49, 76, 83, 145, 194, 195, 196
Viñoly, Rafael: Edifício Atlas, Wageningen, Países Baixos, 176–7
Viollet-le-Duc, Eugène, 114–15
Wachsmann, Konrad, 112
Willis (ex-Sears) Tower, Chicago, EUA, 72, 198
Wilson, Dr. Arnold, 94

Créditos de imagem

Imagens de Will McLean, Pete Silver e Peter Evans, exceto nos casos abaixo indicados:

Imagens da capa de Pompidou-Metz – foto: flashover/Alamy, desenhos: designtoproduction, Zürich e Holzbau Amann

13 (1) David Scarf/Science Photo Library

13 (4) Porta-aviões USS Abraham Lincoln (CVN72), Marinha dos EUA, foto tirada por Justin Blake, colega aviador do fotógrafo.

15 (2) Malha de casca de ovo produzida utilizando-se elementos do tipo concha/casca. (Baseada em um diagrama de análise comparativa do comportamento mecânico estático e dinâmico da casca de um ovo de galinha por P. Coucke, G. Jacobs, e J. De Baerdemaeker, Departamento de Agro-engenharia e Economia, KU Leuven, Bélgica, e P. Sas, Departamento de Engenharia Mecânica, divisão PMA, KU Leuven, Bélgica

15 (3) ©Dennis Kunkel Microscopy, Inc./Visuals Unlimited/Corbis Direitos Reservados

15 (4) ©Paul M.R. Maeyaert

15 (5) Cortesia de MBM Arquitectes

17 (2) Laurence King Publishing

19 (1) ©Alexander Yakovlev/Fotolia

19 (2) ©Rick Rickman/NewSport/Corbis

20 (3) William Ruddock

20 (4) John Timbers/ArenaPAL

59 (1) ©[apply pictures]/Alamy

59 (2) ©travelbild.com/Alamy

59 (3) ©Visions of America, LLC/Alamy

59 (4) ©Tracey Whitefoot/Alamy

59 (5) ©Suzanne Bosman/Alamy

59 (6) ©Jon Bower Canada/Alamy

60 (1) ©Wiskerke/Alamy

60 (2) ©VIEW Pictures Ltd/Alamy

60 (3) ©J.D. Fisher/Alamy

60 (4) ©Michael Snell/Alamy

61 (1) ©imagebroker/Alamy

61 (2) ©VIEW Pictures Ltd/Alamy

61 (3) © Arcaid Images/Alamy

67 bottom right © PSL Images/Alamy

70 (1) iStockphoto/Thinkstock

70 (2) ©stockex/Alamy

70 (3) Stockbyte/Thinkstock

71, 72 topo, 72 topo central iStockphoto/Thinkstock

72 centro inferior Comstock/Thinkstock

72 parte inferior Hemera/Thinkstock

80 topo iStockphoto/Thinkstock

80 centro mambo6435/Shutterstock

80 centro inferior ©David R. Frazier Photolibrary, Inc./Alamy

80 parte inferior iStockphoto/Thinkstock

83 centro ©Tim Cuff/Alamy

89 (1) cortesia fotográfica de www.nooksncorners.com

89 (2) Holger Knauf – www.holgerknauf.de

90 (4) Cortesia de Atelier Frei Otto

91 (5) Cortesia de Heinz Isler

92 RIBA (imagem no. 2845-23)

93 topo ©Ian Cowe/Alamy

94 (3) Cortesia de imagem de Dr. Arnold Wilson at the Brigham Young University Laboratories (TBC)

95 (4) Cortesia de imagem de MIT Masonry Research Group (MRG): John Ochsendorf, Mallory Taub, Philippe Block, Lara Davis, Florence Guiraud Doughty, Scott Ferebee, Emily Lo,

Sze Ngai Ting, Robin Willis, Masoud Akbarzadeh, Michael Cohen, Samantha Cohen, Samuel Kronick and Fabiana Meacham

105 (1–4) Cortesia de imagens do Prof. Robert Mark

108–9 Desenhos de Akos Kovacs

114–115 Coleção particular, Londres

116 Arquivo Nacional

117 (2) National Railway Museum/Science and Society Picture Library

117 (3) ©Toby/Fotolia

119 (2) Popperfoto/Getty Images

119 (3) ©Paul M.R. Maeyaert

120 scotlandsimages.com/Crown Copyright 2008. O Arquivo Nacional da Escócia

121 ©Louise McGilviray/Fotolia

123 (1–4) Wikimedia Commons

123 (5–6) Fotografias de Vladimir Schukov

125 (1) ©Bettmann/Corbis

125 (2) ©John Alexander Douglas Mucurdy/National Geographic Society/Corbis

129 (2) Cortesia: CSIC IETcc

129 (3) ©Bildarchiv Monheim GmbH/Alamy

133 (3) ©Cecil Handisyde-AA

133 (4 & 6) Luis M. Castañeda

133 (5) Jorge Ayala/www.ayarchitecture.com

135 (1–4 & 6–8) Cortesia de William Ruddock

137 (1) Patente dos EUA 3,197,927

138 (3–4) Cortesia de imagens de © Karl Hartig

139 (5) Cortesia, Propriedade de R. Buckminster Fuller

142–143 Cortesia de imagens de Andrea Giodorno

151 (1) Daniel Schwen (Wikimedia Commons)

151 (3) Cortesia de imagens de Axel Kilian, Designexplorer

153 (1) Patente dos EUA 4,059,937

157 (1) © Kenneth Snelson

163 (1–4) Cortesia de imagens de Dante Bini, fotografia de Max Dupain

163 (5) Dante Bini

164 ©Trajano Paiva/Alamy

165 (3) ©Arcaid Images/Alamy

165 (4) ©MJ Photography/Alamy

167 Frank Oudeman

168–171 (1–10) Cortesia de imagens de Dewhurst Macfarlane

172 Fotografia de Richard Johnson, © Will Alsop, Alsop Architects, Archial Group

173 Fotografia de Richard Johnson, © Will Alsop, Alsop Architects, Archial Group

174 © Will Alsop, Alsop Architects, Archial Group

175 (5–7) Cortesia de imagens de Expservices, Inc.

175 (8–12) © Will Alsop, Alsop Architects, Archial Group

179–81 Cortesia de imagens de Bertus Mulder

182–85 Cortesia de imagens de Ensamble Studio

188–89 Cortesia de imagens de Junya Ishigami and Associates

191–93 Cortesia de imagens de Price & Myers and M-Tec/WEC Group

195 ©imagebroker/Alamy

196 (3, 4 & 6) Cortesia de imagens de Holzbau Amann

196 (5) Cortesia de imagens de designtoproduction, Zürich

197 (7) Cortesia de imagens de designtoproduction, Zürich

197 (8–11) Cortesia de imagens de Holzbau Amann

200–201 © Skidmore, Owings & Merrill LLP

Agradecimentos do autor

Jessica Brew
Philip Cooper
Liz Faber
Samantha Hardingham
Kate Heron
Eva Jiricna
Tim Macfarlane
Bert and Freda McLean
Robert Mark
Bertus Mulder
Christian Müller
Nils D. Olssen
William Ruddock
Esther Silver